Robert Schrempf

PÖSTLINGBERGBAHN ALBUM

Mit einer Steigung von 11,2 Prozent vom Linzer Hauptplatz auf den Pöstlingberg
With a gradient of 1 in 9 from the city centre of Linz up to the Pöstlingberg

Blick vom Stadtzentrum auf den Linzer Hausberg
View from the city centre up to the Pöstlingberg

2009

Robert Schrempf

PÖSTLINGBERGBAHN ALBUM

Mit einer Steigung von 11,2 Prozent vom Linzer Hauptplatz auf den Pöstlingberg
With a gradient of 1 in 9 from the city centre of Linz up to the Pöstlingberg

Robert Schwandl Verlag
Hektorstraße 3
D-10711 Berlin

Tel.: +49 (0) 30 - 3759 1284
Fax: +49 (0) 30 - 3759 1285

www.robert-schwandl.de
books@robert-schwandl.de

Inhalt | *Contents*

Linz – eine Stadt lebt auf
Linz – a resurgent city 3

Eine Fahrt mit der Pöstlingbergbahn
A Journey on the Pöstlingbergbahn 8

111 Jahre Pöstlingbergbahn
111 Years of the Pöstlingbergbahn 16

Revitalisierung der Pöstlingbergbahn
The Upgrading of the Pöstlingbergbahn 28

Fuhrpark von 1898 bis 2008
Rolling Stock from 1898 until 2008 40

Fuhrpark ab 2009
Rolling Stock since 2009 47

Streckenausrüstung
Line Equipment 54

Pöstlingbergbahn-Museum 62

Netzplan Linz
Linz Network Map 63

Die Straßenbahn in Linz
The Linz Tram System 64

Die Straßenbahn in Gmunden
The Gmunden Tram System 72

1. Auflage, 2009

English Translation: Robert Schwandl & Mark Davies

Dankesworte:
An dieser Stelle gilt es allen zu danken, die das gute Gelingen des Buchs ermöglichten. Besonderen Dank für ihre Mithilfe und die zur Verfügung gestellten Dokumente richte ich an Herrn Dipl. Ing. Otfried Knoll und Herrn Dipl. Ing. Horst Schaffer, bei den Linz Linien stellvertretend für alle Mitwirkenden an Frau Margit Anzinger und Herrn Ing. Johann Frisch. Weiters bedanke ich mich bei Herrn Christian Hager für den geschichtlichen Abriss, sowie allen (in den Bildtexten angeführten) Bildautoren. Weiters sei auch jenen Mitarbeitern von Archiven und Herstellerfirmen gedankt, die bei der Recherche behilflich waren. Autor und Verlag wünschen Ihnen viel Vergnügen beim Lesen!

Linz, im November 2009

Robert Schrempf

ISBN 978-3-936573-24-4

Pöstlingberg – unterhalb der Wallfahrtskirche Turm V mit Aussichtsterrasse, rechts davon die in Turm IV gebaute Station der Bergbahn, links der Kirche das Hotel („Bergschlössl"). Turm II mit der Grottenbahn liegt hinter der Kirche. (Foto: H. Pertlwieser/Stadtplanung Linz)
Pöstlingberg – below the basilica, the panorama terrace on tower V; to the right in tower IV, the railway terminus; to the left of the church, the hotel (Bergschlössl); behind the church in tower II, the Grottenbahn.

Linz – eine Stadt lebt auf

Am Eingang zum Linzer Becken erhebt sich nördlich der Donau der Pöstlingberg, der wegen seiner beherrschenden Lage, beeindruckenden Aussicht und viel besuchten Wallfahrtskirche das Wahrzeichen der oberösterreichischen Landeshauptstadt Linz darstellt. Wer Linz entdecken möchte und zunächst einen Überblick gewinnen will, schlägt den Weg auf den Pöstlingberg ein. Empfehlenswert ist weiters ein geführter Stadtrundgang, der zu den wichtigsten Sehenswürdigkeiten unterschiedlicher Epochen führt. Um eine Stadt kennen zu lernen und ihre Einzigartigkeit zu verstehen, müssen wir ein wenig auf die Geschichte eingehen.

Linz liegt im östlichen Oberösterreich und erstreckt sich auf beiden Seiten der Donau. Im Osten der Stadt erhebt sich die Kulisse der Schwerindustrie. Hier auf dem Gelände der VOEST-Alpine fand man Belege für eine Besiedlung in der Jungsteinzeit. Die Biegung der Donau gab der ersten Ansiedlung auch ihren Namen: „Lentos" hieß die Bezeichnung für den keltischen Ort, was „biegsam" oder „gekrümmt" bedeutet. Die Römer latinisierten den Namen zu „Lentia" und legten bereits um die Mitte des 1. Jahrhunderts n. Chr. ein Kastell an. Nach dem 2. Jahrhundert wurde Lentia einige Male durch Einfälle der Germanen zerstört, überdauerte aber die Völkerwanderung und hat somit über die Spätantike hinweg Besiedlungskontinuität vorzuweisen. Im Frühmittelalter wurde Linz durch das Vordringen des bayerischen Herzogtums wieder bedeutsamer. 806 folgte die Ernennung zum Markt.

Seinen Stadtcharakter erhielt Linz in der ersten Hälfte des 13. Jahrhunderts mit dem Hauptplatz. Linz befand sich mit der Donauüberquerung, damals noch als „Überfuhr" betrieben, an einem Kreuzungspunkt der Verkehrswege. Seit Ende des

Linz – a resurgent city

On the northern side of the Danube River, the Linz basin is limited by the Pöstlingberg, which, with its magnificent view and often-visited basilica, is the city's primary landmark. Before you start to explore Linz, you should climb the Pöstlingberg to get an overall view. Later, we recommend a guided city tour to discover the sights, which date from different periods in history. To really capture the uniqueness of this city, we need to take a look at its history.

Linz is located in eastern Upper Austria and extends on both sides of the Danube River. In the eastern parts of the city, the silhouette of the heavy steel industry dominates the city skyline. On the terrain of the present VOEST-Alpine works, several finds testify that the area was already inhabited during the Neolithic period. The name of this early settlement was derived from the river's curve in this area: a Celtic village called 'Lentos', meaning 'pliable' or 'curved'. The Romans latinised that name into 'Lentia' and erected a fort in the middle of the first century A.D. After the 2nd century, Lentia was destroyed several times by raging Germanic tribes, but ultimately survived the Migration Period. Linz became an important town once again in the Early Middle Ages when the Duchy of Bavaria began expanding eastwards. In 806, Linz was conferred the right to hold a market.

The city's present urban appearance dates back to the 13th century, when the Hauptplatz [main square] was laid out. Located at a Danube crossing (at that time in the form of a ferry), Linz has always constituted an important crossroads. By the end of the 13th century, the city had become the capital of the Habsburg land 'Ob der Enns', the later 'Upper Austria'.

13. Jahrhunderts war Linz Sitz des Landeshauptmanns, und so im Habsburgischen Reich zur Hauptstadt des „Kronlands ob der Enns“ geworden.

1831 ließ Erzherzog Maximilian Joseph von Österreich-Este (Artilleriebrigadier der Armee) 32 Verteidigungstürme rund um Linz errichten, die eine weit vorgeschobene Verteidigungslinie bildeten. Ein Fort auf dem Pöstlingberg war der Hauptstützpunkt des Lagers und zugleich der höchste Punkt der Befestigungslinie, von dort konnte der gesamte Linzer Raum eingesehen werden. Bereits 1858 wurde die Befestigungsanlage aufgegeben und schließlich 1890 versteigert, die erhaltenen Teile der Anlage werden heute touristisch genutzt. Im Turm I (Othilie) befindet sich ein Musikheim, im Turm II (Beatrix) die Grottenbahn und auf dem Turm V (Euphemia) die Aussichtsterrasse. Ein einzigartiges Ambiente bietet den Besuchern des Linzer Hausbergs der als Endstation der Pöstlingbergbahn umgebaute Turm IV (Maria) (siehe Bild Seite 25).

Ab der Mitte des 19. Jahrhunderts erfasste die Industrialisierung auch Linz, die 1840 errichtete Linzer Schiffswerft war der erste Metall verarbeitende Großbetrieb der Stadt. Im Jahr 1897 konstituierte sich die „Tramway- und Elektrizitätsgesellschaft Linz-Urfahr“, kurz TEG genannt. Die Eigentümer der TEG verpflichteten sich gegenüber der Stadt Linz und dem Markt Urfahr zur Elektrifizierung der 1880 eröffneten Pferdetramway (Elektrizitätsvertrag). Im Gegensatz zu heute konnte aus Gewinnen des öffentlichen Verkehrs die Stromversorgung der Haushalte subventioniert werden. Weiters errichtete die TEG mit dem Bau einer „Elektrischen Steilbahn“ auf den Pöstlingberg, einer Restauration und einer die Bergkuppe umspannenden Parkanlage ein liebevoll angelegtes Ausflugsziel.

Der Anschluss an das internationale Eisenbahnnetz und der Ausbau des innerstädtischen Verkehrs führten zu einer Beschleunigung des Lebens und förderten das Wachstum der Stadt. Bis 1923 wurden zahlreiche ehemalige Vororte eingemeindet, darunter 1919 auch das am nördlichen Ufer der Donau gelegene Urfahr. In der Zeit, als die Stadt als „Gauhauptstadt von Oberdonau“ zum „Großdeutschen Reich“ gehörte, entstand mit der Errichtung dreier Großbetriebe der chemischen und Metall verarbeitenden Industrie der Grundstein zu einem der wichtigsten Wirtschaftsstandorte Österreichs. Dies führte zum Zuzug zahlreicher Arbeiter und deren Familien. Nach Kriegsende war man jahrzehntelang damit beschäftigt, Kriegsschäden zu beseitigen und fehlende Infrastruktur zu errichten. Durch die

Blick von der Nibelungenbrücke auf die Donau, vor der Kulisse des Kunstmuseums Lentos wendet das Kristallschiff. (Foto: Wurm+Köck)
View from the Nibelungen Bridge across the Danube River, where the ‘ship of crystals’ turns around in front of the Lentos Art Museum.

In 1831, Archduke Maximilian Joseph von Österreich-Este (a member of the artillery brigade) ordered the construction of 32 defence towers around Linz. The fort on the Pöstlingberg became the main base as well as the highest point of the fortifications, and allowed the entire city area to be kept under control. In as early as 1858, however, the military installations were abandoned, before finally being auctioned in 1890; many of the remaining parts have since been used for tourist purposes. Tower I (Othilie) became the home of a music school, tower II (Beatrix) now houses the Grottenbahn, and the panorama terrace is located on top of tower V (Euphemia). A special setting was found for the terminus of the Pöstlingbergbahn, which lies inside tower IV (Maria) (see photo on page 25).

In the mid-19th century, industrialisation also started in Linz; the shipyards founded in 1840 were the beginning of a long metalworking industry. The construction of international railway lines and an urban transport system accelerated normal life, and thus favoured the city’s growth. By 1923, many of the former neighbouring towns had been annexed, among them Urfahr on the northern side of the Danube River, which became a part of Linz in 1919. During the Third Reich, when Linz was the capital of the ‘Gau’ ‘Upper Danube’, three major chemical and steel manufacturing factories were established in Linz, making it one of Austria’s economic pillars, which attracted many workers and their families. After World War II, it took many decades to reconstruct the heavily damaged city and add new infrastructure. For a long time, Linz had to put up with its reputation of being a dirty industrial city.

In recent years, the city has undergone a dynamic metamorphosis from a predominantly steel industry city to a hi-tech location, with a relatively new University, only founded in 1966. With numerous initiatives concerning environment and culture,

Als um 1910 ein Triebwagen mit einem offenen Beiwagen von Urfahr kommend die Donau überquert, waren an der Stirnseite und an der Seitenwand Tafeln mit der Aufschrift „Heute Pöstlingbergbahn in Betrieb“ angebracht. (Sammlung R. Schrempf)
In around 1910, a motor car with an open trailer crosses the Danube River on its way from Urfahr into Linz, with boards on the sides and front announcing that ‘the Pöstlingbergbahn is in service today’.

Industrialisierung hatte die Stadt lange Zeit den negativen Ruf einer staubigen Stahlstadt.

In ihrer jüngeren Vergangenheit hat die Landeshauptstadt eine dynamische Metamorphose vom Schwerindustrie- zum Hochtechnologiestandort vollzogen. Durch zahlreiche Initiativen im Umweltschutz und Kulturbereich versucht die Stadt seit Jahrzehnten ihr Image zu wandeln. Im Jahr 2006 wurde Linz mit dem Titel „Naturfreundlichste Gemeinde Österreichs“ ausgezeichnet. Ein enges Zusammenspiel von Kultur, Industrie und Natur verleiht der relativ jungen Universitätsstadt (1966) ihre außergewöhnliche Dynamik. Andere Städte in Österreich besitzen mit Attraktionen wie Festspielen (Bregenz, Salzburg), Lipizzanern (Wien), Operettenseligkeit oder Walzertraum (Wien) hohen Bekanntheitsgrad, Linz hingegen setzt seit geraumer Zeit auf Aktuelles und Neues anstelle von Tradition. Der spezifische Kulturanspruch lässt Innovation, Experiment und Außergewöhnliches zu. So begann das Jahr 2009 fulminant mit einer „Raketensinfonie“, jenes Jahr, welches für die Landeshauptstadt ein ganz besonderes darstellt, ein epochales aus der Sicht vieler Honoratioren der Stadt, denn gemeinsam mit Litauens Hauptstadt Vilnius ist Linz „Europäische Kulturhauptstadt des Jahres 2009“. Eine Stadt sozusagen im freudigen Ausnahmezustand – die Veranstaltung erbrachte viele Impulse für die Stadtentwicklung. Das Kunstmuseum Lentos, das den keltischen Namen der Stadt trägt, verzaubert besonders nachts durch die leuchtende Fassade. Seit Jahresbeginn erstrahlt auch das futuristische Ars Electronica Center magisch im Abendlicht. Eine Bereicherung an Kultureinrichtungen stellen weiters nach Renovierung und Umbau in ein Atelierhaus der denkmalgeschützte Salzstadl an der Donau sowie der Neubau des Südflügels des historischen Linzer Schlosses dar.

Die Ausrichtung der Veranstaltung „Europas Kulturhauptstadt 2009“ war nicht nur der ausschlaggebende Impuls für die Errichtung vorgenannter kultureller Einrichtungen, sondern auch für die Erneuerung der Pöstlingbergbahn. Am 2. Februar 2007 fasste der Aufsichtsrat der Linz AG den Beschluss für die Revitalisierung und Verlängerung der Pöstlingbergbahn. Im Jahr 1898 war die Bahn eher als touristische Attraktion zur Erschließung des Pöstlingberges mit seiner Wallfahrtskirche gedacht, die Gegend war noch kaum besiedelt. Nun zum Hauptplatz verlängert bezeichnet Bürgermeister Dr. Franz Dobusch diese als bedeutendste Errungenschaft an neuen Tourismus-Attraktionen, welche auch die Nachhaltigkeit des Kulturhauptstadtjahres gewährleistet. In Verbindung mit der Grottenbahn und einem durchaus attraktiven Gastronomieangebot nimmt der Pöstlingberg als Linzer „Hausberg“ seit über 110 Jahren eine fixe Stellung im Tourismus der Landeshauptstadt ein. Die Wallfahrtsbasilika am Gipfel bildet einen weithin sichtbaren Blickfang über der Stadt, und die Aussichtsplattform unterhalb erweist sich seit jeher als attraktiver Anziehungspunkt für Linz-Besucher. Mit der Verlängerung der Bergbahn bis zum Hauptplatz, dem unumstrittenen Zentrum der Stadt an der Donau, wird die einmalige Chance einer unvergleichlichen Belebung des Angebotes wahrgenommen. Abwechselnd zu den Niederflurwagen im „Retro-Look“ bringen adaptierte historische Garnituren, die das Ambiente des historischen Ensembles unterstreichen, die Fahrgäste auf den Pöstlingberg und vermitteln ein unvergessliches Erlebnis.

_ In Linz beginnt's:

Im Eisenbahnwesen ist Linz ein geschichtsträchtiger Boden, zwei abgeschlossene Kapitel Eisenbahngeschichte gilt es zu würdigen. Im Jahr 1832 wurde die erste öffentliche Eisenbahn auf dem Europäischen Kontinent zwischen dem tschechischen Budweis und Linz-Urfahr eröffnet, und 1836 noch bis Gmunden verlängert. Die Pferdeeisenbahn diente hauptsächlich dem Transport von Salz aus dem oberösterreichischen Salzkammergut nach Böhmen. Anfangs nur für den Güterver-

Pöstlingbergbahn-Triebwagen XVI unterhalb der Wallfahrtskirche (16.7.2006)
Pöstlingbergbahn motor car no. XVI below the basilica, on 16 July 2006

it is pushing hard to change its image. In 2006, the city was awarded the title 'Austria's most nature-friendly municipality'. The interaction between culture, industry and nature gives the city its extraordinary dynamism. While other Austrian cities are famous worldwide for their festivals (Bregenz, Salzburg), Lipizzan horses, operettas and waltzes (Vienna), Linz puts its focus on cultural innovation rather than tradition. The year 2009 was thus welcomed with the 'Raketensinfonie' [rocket symphony] to mark the beginning of a very special year for Linz, as the city, together with Lithuania's capital Vilnius, holds the title 'European Capital of Culture', a major event which has had an important impact on urban development. Visitors are fascinated by the futuristic Ars Electronica Center and the Lentos art museum, which carries the city's Celtic name, especially at night when the façades are illuminated. Other additions to the cultural scene include the renovated Salzstadl, the former salt depot now converted into an Artist-in-Residence house, as well as the reconstruction of the south wing of the Linzer Schloss, the city's palace.

Besides the cultural impetus, the celebration of the 'European Capital of Culture' also inspired the modernisation of the Pöstlingbergbahn. On 2 February 2007, the Board of Directors of the Linz AG took the decision to upgrade and extend the Pöstlingbergbahn. When the railway opened in 1898, it was designed primarily to transport visitors to the basilica on the Pöstlingberg, as the areas on the mountain slopes were then rather undeveloped. Now extended to Hauptplatz, the Pöstlingbergbahn has been classified by the mayor Dr. Franz Dobusch as one of the most important tourist attractions in the city, which it will remain even after the celebration of the 'European Capital of Culture' year. Together with the Grottenbahn and the gastronomic facilities on the mountain top, the Pöstlingberg has been a popular day trip destination for over 110 years. The basilica is visible from many points in the city, while in the opposite direction, the panorama terrace on the mountain provides magnificent views of the city.

Cityrunner 030 und Pöstlingbergbahn-Triebwagen 501 begegnen sich in der Landstraße an der Haltestelle Mozartkreuzung. (Foto: Ch. Rochhart)
Cityrunner no. 030 and Pöstlingbergbahn car no. 501 meeting on Landstraße at the Mozartkreuzung stop.

kehr konzessioniert erkannte man bald die Bedeutung für den Tourismus. Obwohl sie als Pionierleistung in die Geschichte des Schienenverkehrs eingegangen ist, war sie von Beginn an veraltet, denn anderswo zogen bald Lokomotiven die Wagen. An diese Epoche erinnern heute noch das Bahnhofsgebäude am Stationsplatz „Südbahnhof" (Khevenhüllerstraße 4) und die an der Kirche St. Magdalena beginnende Pferdebahnpromenade, die zum Spazieren im Verlauf des alten Schienenweges einlädt. Seit dem Jahr 1996 fährt die Pferdeeisenbahn wieder in der Gemeinde Rainbach nahe der tschechischen Grenze. Auf einem halben Kilometer Schienenstrecke ist das unvergleichliche Gefühl des „Reisens von einst" im Luxuswagen „Hannibal", in dem einst die Herrschaften des Habsburger Kaiserreiches reisten, noch einmal erlebbar. In den ehemaligen Gewölbestallungen des historischen Pferdeeisenbahnhofes Kerschbaum ist heute ein Pferdeeisenbahn-Museum eingerichtet. Die einstigen Räumlichkeiten der ersten Bahnhofsgaststätte auf dem Kontinent dienen auch gegenwärtig wieder als Bahnhofsgaststätte.

Als die 1866 in München gegründete Locomotivfabrik Krauß & Comp. ihre Exporte in die Donaumonarchie durch erhöhte Einfuhrzölle erschwert sah, errichtete das Unternehmen in Linz ein Zweigwerk. Bis zur Schließung des Werkes, die aufgrund der Weltwirtschaftskrise 1930 unabwendbar war, wurden in Linz 1521 Lokomotiven gebaut. Einige dieser Exemplare sind heute noch auf Zahnradbergbahnen (Schafbergbahn) und Schmalspurbahnen anzutreffen. Es soll nicht unerwähnt bleiben, dass damit der Lokomotivbau in Linz nicht beendet wurde, wenngleich keine Neukonstruktionen entstehen. In der ÖBB-Hauptwerkstätte Linz, nunmehriges Werk des „Technischen Service" erfolgt die Endmontage der Hochleistungslokomotiven vom Typ „Taurus". Weiters befindet sich in Linz das Stammwerk von Plasser & Theurer, welches sich selbst als Weltmarktführer für Gleisbaumaschinen bezeichnet.

_ **Auf Straße und Schiene – enormer Pendlerzustrom**:
Heute verfügt die Stadt Linz über ein modernes Stadtverkehrssystem, in dem die Straßenbahn die Hauptrolle einnimmt. Obus- und Autobuslinien sowie Anrufsammeltaxis im Abendverkehr bilden zusammen mit der Straßenbahn ein dichtes Netz. Auch hier wurden im Hinblick auf das Kulturjahr 2009 wichtige Verbesserungen vorgenommen: Im Oktober 2008 wurde das Liniennetz optimiert und das Fahrplanangebot verdichtet. Es

The extension of the Pöstlingbergbahn to Hauptplatz, without doubt the centre of the city, has brought new life to the city's highest point. The Pöstlingbergbahn is served alternately by new low-floor vehicles in 'retro look' and modernised historical vehicles, which emphasise the heritage nature of this unforgettable experience.

_ ***'In Linz beginnt's'*** *[everything starts in Linz]:*
Linz has an important place in railway history, with two outstanding dates that need to be mentioned:

In the year 1832, the first public railway on the European mainland opened between Č. Budějovice and Linz-Urfahr, and in 1836 it was extended to Gmunden. The horse-powered railway was mainly used to transport salt from the Upper Austrian Salzkammergut to Bohemia. It was initially only designed as a freight railway, but soon became an important passenger line, too. Although its pioneering role is reflected in the railway history books, the line was considered outdated almost from day one, as locomotives began appearing on other lines shortly after. This early period is remembered in the old station building 'Südbahnhof' at Khevenhüllerstraße 4, as well as along the horse-railway promenade, which starts at the St. Magdalena church in Urfahr. Since 1996, the horse-drawn cars have once again been in operation, serving a 500 m nostalgic route in Rainbach near the Czech border, with the luxury carriage 'Hannibal', which once carried members of the royal family and other dignitaries of the Habsburg Empire. The former stables at the Kerschbaum station now accommodate a horsecar museum; and the rooms of Europe's first station inn now once again serve drinks and snacks.

When the Locomotivfabrik Krauß & Comp., founded in Munich in 1866, was faced with increased import taxes in Austria, the company opened a dedicated factory in Linz. By the time these works closed in 1930 as a result of the worldwide recession, a total of 1521 locomotives had been built in Linz; some of these are still in service on rack railways (e.g. Schafbergbahn) and narrow-gauge railways. The closure of this factory, however, was not the end of locomotive construction in Linz, although no new engines have since been built. At present, the ÖBB workshops are carrying out the final assembly of the 'Taurus' high-performance locomotives. Linz is also the traditional location of the Plasser & Theurer works, a world leader in track-laying machinery.

_ ***A city of commuters – on road and by rail:***
The city of Linz boasts a modern urban transport system, with the tramway as its backbone. The dense network is complemented by trolleybus and other bus lines, as well as the share-a-taxi routes, which are operative during evening hours. In preparation for the cultural year 2009, the network was optimised and the headways were reduced in October 2008. New ticket vending machines are now available with multi-lingual interfaces. In March 2009, a system of night buses was introduced.

Since 1858, Linz has been served by the east-west mainline railway, called the 'Kaiserin-Elisabeth-Bahn' (Munich–Salzburg–Vienna–Budapest), which was followed by several other routes over the following decades. The north-south link formed by the Summerauer Bahn and the Phyrnbahn (Prague–Linz–Graz–Koper, a port on the Adriatic Sea) is also rather important, especially for international freight traffic. From Germany, Linz can also be reached on the ICE train from Frankfurt via Passau. Winner of several awards, the new

Überstellungsfahrt mit dem neuen Triebwagen 501 am Hauptplatz (22.4.2009)
New Pöstlingbergbahn motor car no. 501 at Hauptplatz on its way from the depot, on 22 April 2009

wurden neue Fahrscheinautomaten mit mehrsprachiger Menüführung aufgestellt. Und im März 2009 wurde ein Nachtliniennetz eingerichtet.

Seit 1858 ist Linz auf dem Schienenweg durch die Errichtung einer Ost-West-Verbindung, der „Kaiserin-Elisabeth-Bahn" (Strecke München – Salzburg – Wien – Budapest), erschlossen, später folgten weitere Eisenbahnstrecken. Von besonderer Bedeutung (vor allem für den Güterverkehr) ist auch die Nord-Süd-Verbindung Summerauer- und Phyrnbahn (von Prag über Linz nach Graz und weiter an den Adriahafen Koper). Zudem ist Linz mit dem ICE von Frankfurt über Passau bequem erreichbar. Mit dem Neubau des Hauptbahnhofs (Nahverkehrsdrehscheibe) und seiner Nebengebäude entstand in der jüngeren Vergangenheit eine attraktive und repräsentative Visitenkarte für Linz. Der Gebäudekomplex wurde schon mehrfach zum schönsten Bahnhof Österreichs gekürt.

Trotz großer Investitionen in den Ausbau des ÖPNV ist die Verkehrspolitik in der oberösterreichischen Landeshauptstadt und in den umliegenden Gemeinden sehr autoorientiert. Die Region ist sehr zersiedelt, die Lebensqualität entlang der Stadteinfahrten stark verkehrsgeplagt. Es fehlen ein übergeordnetes und durch das Stadtzentrum führendes S-Bahn-System wie auch Park & Ride-Anlagen in den Umlandgemeinden, was auf fehlendes Agglomerationsdenken in den letzten Jahrzehnten zurückzuführen sein mag.

Die Stadt (96 km^2) verfügt über mehr Arbeitsplätze (207.000) als Einwohner (knapp 190.000), dies unterstreicht die Bedeutung als Wirtschaftstandort. Im Ballungsraum Linz leben 271.000 Personen (Einwohnerzahl der Kernstadt und der baulich direkt an diese angeschlossenen Siedlungen). Entsprechend hoch ist die Anzahl von Pendlern, etwa 106.000 Arbeitnehmer pendeln täglich nach Linz, 64 % davon verwenden ihr eigenes Fahrzeug, 27 % öffentliche Verkehrsmittel. Im Stadtgebiet werden 24 % aller Wege mit öffentlichen Verkehrsmitteln zurückgelegt. Den Löwenanteil, jährlich rund 96 Millionen Fahrgäste, befördern die Verkehrsbetriebe Linz Linien (Unternehmen der städtischen Linz AG).

_ Auf den Pöstlingberg:
Der Pöstlingberg ist ein Kulturdenkmal und ein beliebtes Ausflugsziel, bei einem Besuch des Pöstlingberges schlagen nicht nur Kinderherzen höher: nach der Fahrt mit der Pöstlingbergbahn sind es nur wenige Schritte bis zur Wallfahrtsbasilika, zur Aussichtsplattform und zur Grottenbahn. Die Grottenbahn führt die kleinen und großen Besucher durch eine bunt erleuchtete Märchenwelt. Im Untergeschoss befindet sich eine maßgetreue Nachbildung des Linzer Hauptplatzes um die Wende vom 19. zum 20. Jahrhundert. In den Seitengassen sind Szenen von bekannten Kindermärchen zu sehen. Auf halber Strecke der Bergbahn befindet sich der ganzjährig geöffnete Linzer Tiergarten mit über 130 verschiedenen Tierarten und einem Streichelzoo.
Im Winter nützen Kinder gerne den Hang hinter der Bergstation für Rodelfahrten und erste Fahrversuche auf Skiern.

station complex with its surrounding buildings has in recent years become a representative gateway for the city.

Despite the huge investment made in public transport, the city is still dominated by private cars, many coming from the sprawling surrounding region; the main roads leading into the city therefore suffer regular traffic jams. The city lacks a region-wide S-Bahn system with links across the city centre, as well as park-and-ride facilities in the neighbouring towns, which is probably due to the lack of a spirit of conurbation in recent decades.

The number of jobs (207,000) available in Linz (96 km2) is higher than the number of inhabitants (190,000), which underlines the city's economic power. The total conurbation (i.e. Linz plus the built-up areas directly connected to it) is home to some 271,000 people. At 106,000, the number of daily commuters is rather high: about 64 % use their own private car, and some 27 % use public transport. Within the city, 24 % of all trips are made on public transport; with some 96 million passengers a year, Linz Linien (a subsidiary of the municipal Linz AG) is by far the biggest transport operator in the city.

***_ Up to the Pöstlingberg**:*
A visit to the Pöstlingberg, a cultural monument and a popular daytrip destination, is not just an exciting experience for the kids: after the ride up on the Pöstlingbergbahn, it is just a short walk from the terminus to the basilica, the panorama terrace and the Grottenbahn. The Grottenbahn carries both young and not so young visitors off into a brightly-lit fairytale world. On the lower level of the tower, a miniature replica of the city's main square as it was around the end of the 19th century is on display; the side streets are full of scenes from well-known fairytales. About halfway up along the Pöstlingbergbahn is the Linz Zoo, with over 130 different animals and a petting zoo. In winter, children often go sledging down the slope behind the mountain terminus, or take their first steps at skiing.

Am Pöstlingberg angekommen weist der Zwerg den Weg zur Grottenbahn.
At the upper terminus, a dwarf shows visitors the way to the Grottenbahn.

Am Hauptplatz besteht nun eine bequeme Verknüpfung mit allen städtischen Straßenbahnlinien.
At Hauptplatz, convenient transfer is provided to all the urban tramway lines.

Eine Fahrt mit der Pöstlingbergbahn

Der erste Schritt führt alle Touristen in das Linzer Stadtzentrum. Im Herzen der Stadt gelegen, auf dem Hauptplatz, ist die neue Talstation der Pöstlingbergbahn. In unmittelbarer Nähe befinden sich die Anlegestellen der Donauschiffe, die Ausstiegsstelle der Reisebusse und ausreichend Parkmöglichkeiten (Hauptplatztiefgarage). Auch alle drei Straßenbahnlinien führen vom Hauptbahnhof durch die belebte Fußgängerzone über den Hauptplatz und die Nibelungenbrücke nach Urfahr.

Als neue Talstation entstand westlich der Straßenbahnhaltestelle eine eingleisige Stumpfendstelle, die Platz zum Abstellen von zwei Niederflurwagen bietet. Nach Verlassen der Endstation führt die Fahrt zunächst über die Donaubrücke, wo sich auf der linken Seite erstmals ein prächtiger Ausblick auf den Pöstlingberg eröffnet. Die Bergbahn bedient im ersten Abschnitt die Haltestellen Rudolfstraße, Biegung, Mühlkreisbahnhof und Landgutstraße gemeinsam mit der Straßenbahnlinie 3. Vor Erreichen der Haltestelle Landgutstraße zweigt die Bergbahn von der Straßenbahntrasse ab. Stadteinwärts fahrend befindet sich die Haltestelle Landgutstraße vor deren Querung, neben dem Bergbahnhof Urfahr. Nach 1,2 km Fahrt quert die Trasse der Pöstlingbergbahn jene der normalspurigen Mühlkreisbahn, von hier an führt die Strecke kontinuierlich steigend mit acht Zwischenhaltestellen zum Pöstlingberg. Sie überwindet dabei einen Höhenunterschied von 254,68 m bei einer Steigung von durchschnittlich über 100 ‰ (mit Ausnahme der Ausweichstationen). Bislang war die eingleisige Strecke – mit 3 Ausweichen jeweils an den Viertelpunkten – knapp 2,9 km lang. Zu Beginn gab es bereits eine Gleiskreuzung mit der Mühlkreisbahn. Die Gleisanlagen von Bergbahn und Straßenbahn wurden jedoch ab 1899 betrieblich, 1902 auch gleismäßig getrennt: Die bis

A Journey on the Pöstlingbergbahn

The city centre of Linz is the first stop for all visitors; and the new Pöstlingbergbahn terminus lies right in the heart of the city on Hauptplatz, with the piers for the Danube's ships and the alighting point for day-tourist coaches nearby, and sufficient parking available in the underground car park beneath the square. The city's three tram lines all connect the main railway station with Urfahr via the busy pedestrianised shopping street, Hauptplatz and the Nibelungen Bridge.

The new lower terminus, in the form of a single-track stub able to accommodate two low-floor vehicles, was established on the western side of the existing tram stop. After leaving the terminus, the Pöstlingbergbahn crosses the Danube River on the Nibelungen Bridge, providing the first panoramic view of the Pöstlingberg on the left. On the first section, the Pöstlingbergbahn shares the stops at Rudolfstraße, Biegung, Mühlkreisbahnhof and Landgutstraße with tram line 3; before arriving at Landgutstraße, the Pöstlingbergbahn track diverges from the tram route (in the inbound direction, the Pöstlingbergbahn stops before crossing Landgutstraße, the stop being located next to the old lower terminus Bergbahnhof Urfahr). After an initial 1.2 km ride, the trains of the Pöstlingbergbahn cross the standard-gauge Mühlkreisbahn, before starting their gradual climb up the mountain while serving a total of eight intermediate stops. On their way up, they have to negotiate a difference in altitude of 254.68 m, at an average gradient of 100 ‰ (with the exception of the passing loops). The old line, which had three equally spaced passing loops, had a total length of 2.9 km. In the early days of the Pöstlingbergbahn, there also used to be a track crossing at the intersection with the Mühlkreisbahn, but it was

Die Pöstlingbergbahn überquert die Donau auf der Nibelungenbrücke, im Hintergrund der Hauptplatz.
The Pöstlingbergbahn crosses the Danube River on the Nibelungen Bridge, with the Hauptplatz in the background.

dahin mögliche Überführung der Bergbahnwagen auf eigenen Achsen in die damalige Werkstätte Urfahr wurde durch Entfernen der beweglichen Gleiskreuzung unterbunden.

Die Strecke führt ein kurzes Stück parallel zur Wagenhalle, überquert die Hagenstraße und wendet sich in einem Rechtsbogen gegen den Berg zu. Nach kurzer Fahrt wird die im Jahr 2009 neu errichtete Haltestelle Spazgasse (km 2,6, Gefälle 42 ‰) erreicht, deren Bau erst mit der Streckenverlängerung zum Hauptplatz für die Bewohner der umliegenden Siedlung an Bedeutung gewann. Weiter führt die Fahrt mit bereits beträchtlicher Steigung von 112 ‰ vorbei an gepflegten Villen und

only regularly in service until 1899, and was finally eliminated in 1902; from then on, the Pöstlingbergbahn vehicles were no longer able to reach the former workshops in Urfahr on their own wheels.

Now on the old alignment, the route continues parallel to the depot for a short section, then crosses Hagenstraße, and finally, in a right curve, heads for the mountain top. In 2009, a new stop was added at Spazgasse (km 2.6; gradient 42 ‰); the construction of this stop has only become relevant for local residents in conjunction with the line's extension into the city centre. The Pöstlingbergbahn trains keep climbing, now

Triebwagen 501 erreicht am 31.5.2009 die Haltestelle am Mühlkreisbahnhof Linz-Urfahr.
Car no. 501 stops at Mühlkreisbahnhof Linz-Urfahr on 31 May 2009.

Die Haltestelle Landgutstraße stadtauswärts, daneben die Endstation der Linie 3, das Abstellgleis und rechts das schräg durch die Schleife der Linie 3 führende Gleis der Pöstlingbergbahn stadteinwärts.
The outbound Landgutstraße stop: next to the line 3 terminus, a siding, and the inbound Pöstlingbergbahn track running diagonally across the tram loop.

Anlässlich einer Schulfahrt fuhr der Triebwagen 503 in der früheren Talstation ab. Rechts im Bild sieht man die Gleiskreuzung mit der Mühlkreisbahn und dahinter die Haltestelle Landgutstraße (stadteinwärts).
On a test run, car 503 departs from the former terminus. On the right, the intersection with the Mühlkreisbahn, and in the background, the inbound Landgutstraße stop are visible.

Zwischen Querung der Landgutstraße und der Mühlkreisbahn befindet sich die Haltestelle Landgutstraße (im Bild rechts unten) bei der Fahrt stadteinwärts.
The inbound Landgutstraße stop is located between the Landgutstraße level crossing and the intersection with the Mühlkreisbahn.

durch ein Waldstück. Auf dem Areal rechts der Bahn stand einst das Schloss Hagen. Das im Zweiten Weltkrieg von Bomben getroffene markante Gebäude mit vier Türmen wurde 1965 abgebrochen. Auf dem Grundstück errichtet die Anton Bruckner Universität in den nächsten Jahren eine neue Wirkungsstätte.

Nach einer starken Linkskurve, die mit 43 m den kleinsten Radius der Strecke aufweist, und einer zweiten Straßenquerung wird bei km 2,2 die Haltestelle und Ausweiche Hagen erreicht. Die zuletzt Merkursiedlung genannte Ausweiche weist eine Neigung von 50 ‰ auf und ist mit einer hölzernen Wartehütte ausgestattet. Hier finden die Kreuzungen beim 30-Minuten-

at the considerable gradient of 112 ‰, first through a neighbourhood of elegant mansions and then through a forest. The Hagen Palace used to stand on the terrain to the right, a characteristic building with four towers which was destroyed by bombs in World War II and finally completely demolished in 1965. In the near future, the Anton Bruckner University will construct a new building on this estate.

After a tight curve to the left – at only 43 m the smallest radius on the entire route – and a second level crossing, the trains reach the next stop Hagen with a passing loop at km 2.2. This stop, which used to be called Merkursiedlung,

Die Haltestelle Spazgasse wurde erst im Rahmen der Revitalisierung eingerichtet. | *The Spazgasse stop was only built when the line was upgraded.*

Von der Haltestelle Spazgasse bergwärts fahrend bietet sich erstmals ein Blick auf das Stadtzentrum von Linz. (Juni 1976, Foto: G. Hofmann)
On the upward journey right after the Spazgasse stop, passengers can enjoy their first view of the city centre (June 1976).

Takt statt. Die nahegelegene Urbanskistraße erinnert an den eigentlichen gedanklichen Schöpfer der Pöstlingbergbahn, dem ein typisch österreichisches Schicksal zu Lebzeiten jegliche Anerkennung seiner Leistungen versagte.

An der Merkursiedlung vorbei führt die Strecke zur Bedarfshaltestelle Tiergarten (km 2,0), die in einer Neigung von 111 ‰ gelegen ist. Von der Haltestelle gelangt man über einen steilen Fußweg in wenigen Minuten zum Linzer Zoo. Die Bahn nimmt nun nordwestlich ihren Weg, gesäumt von Buchenhecken. Es bietet sich ringsum ein schöner Rundblick auf die verschiedenen Höhen des Magdalena-, Pfennig- und Luftenberges auf der einen, den Freinberg auf der anderen Seite. Ein Blick zurück gewährt einen schönen Rundblick auf das Stadtzent-

has a gradient of 50 ‰ and is equipped with a wooden shelter. When a 30-minute headway is operated, the trains cross at this point. The nearby Urbanskistraße reminds us of the real creator of the Pöstlingbergbahn, whose efforts were not honoured during his lifetime – a typical Austrian destiny.

Running alongside the neighbourhood called Merkursiedlung, the trains reach the request stop Tiergarten (km 2.0), which shows a gradient of 111 ‰. From here, a short, though steep walk takes visitors to the Linz Zoo. Lined with beech hedges, the Pöstlingbergbahn route continues in a northwesterly direction, offering splendid views of the hills surrounding the city, such as Magdalenaberg, Pfennigberg and Luftenberg on one side, and Freinberg on the other. A look backwards

Unten links und rechts: Zwischen Hagen und Schableder ist die Trasse von Buchenhecken eingezäunt.
Below left and right: Between Hagen and Schableder the route is lined with beech hedges.

An einem schönen Herbsttag (26.10.2006) befindet sich der Triebwagen XIV auf Talfahrt zwischen den Haltestellen Schableder und Tiergarten.
On a nice day in autumn (26 Oct 2006), motor car no. XIV makes its way downhill between Schableder and Tiergarten.

rum, während von oben bereits die Spitzen des Pöstlingberges herabgrüßen. Die frühere Haupt-Kreuzungsstation Schableder (Gefälle 37-44 ‰) bei km 1,5 markierte bislang die Streckenmitte. Die Fahrgäste finden in einem gemauerten Wartehäuschen Witterungsschutz, auch befindet sich hier ein neu errichtetes Unterwerk.

Nach der Ausweiche Schableder (und Kreuzung der Emil-Futter-Straße) fährt die Bahn am Schabledergut vorbei, einem ansehnlichen Vierkanthof, und erreicht auf dem „Hohen Damm" abermals die Maximalsteigung von 112 ‰. Dem Betrachter bietet sich ein spektakulärer Blick in das Donautal. Der Hohe Damm selbst beschreibt eine scharfe Rechtskurve (R = 49,5 m), an dessen Ende die gleichnamige Bedarfshaltestelle bei

provides a magnificent panorama of the city centre, while a first glimpse of the towers of the basilica on the top of the mountain can already be caught. The former main passing loop at Schableder (km 1.5, gradient 37-44 ‰) used to mark the middle of the route. There is a brick shelter at this stop for waiting passengers. A new substation was erected next to it.

After Schableder and the level crossing at Emil-Futter-Straße, the Pöstlingbergbahn passes the Schabledergut, a large square farm house, to climb the 'Hoher Damm' [high embankment] on a 112 ‰ slope, from where a breath-taking view is provided down into the Danube Valley. The embankment includes a sharp curve to the right (radius 49.5 m), with a request stop of that name at the upper

Triebwagen 502 oberhalb der Haltestelle Schableder
Car no. 502 above the Schableder stop

Triebwagen XVIII zwischen Hoher Damm und Schableder (14.10.2007)
Motor car no. XVIII between Hoher Damm and Schableder (14 Oct 2007)

An einem klirrend kalten Wintertag (30.1.1993) fährt der Triebwagen XVI am Hohen Damm bergwärts.
On a freezing winter day (30 Jan 1993), motor car XVI climbs the Hoher Damm section.

km 1,0 angelegt ist. Sie verfügt über eine hölzerne Wartehütte. Unmittelbar nach der Haltestelle wird der Felseinschnitt passiert, der zur Gewinnung des Materials für den „Hohen Damm" entstanden ist, und nach dem die nächste Bedarfshaltestelle „Einschnitt" bei km 0,85 benannt ist. Kurz zuvor wird die alte Pöstlingbergstraße gequert. Die Strecke verläuft weiter entlang prächtiger Villengrundstücke mit hohem Baumbestand und einer Neigung von bis zu 112 ‰ zur dritten Ausweichstation Oberschableder bei km 0,65. Ein Wiesengrundstück gewährt freie Sicht auf Urfahr und den mächtigen Bau des „Petrinums", des ehemaligen „bischöflichen Knabenseminars" am Fuß des Berges. Bislang ging die Streckenneigung am Ende der Ausweiche von 30 ‰ auf 104 ‰ über (Wanne), nun beträgt die

end at km 1.0 equipped with a wooden shelter. The section right after this stop was cut into the rock, hence the name of the next request stop 'Einschnitt' [cutting] at km 0.85. Shortly before that stop, there is a level crossing at the old Pöstlingbergstraße. The Pöstlingbergbahn continues on a 112 ‰ slope through an area dominated by pleasant mansions surrounded by high trees, before reaching the third passing loop Oberschableder at km 0.65. Across a meadow, a nice panorama opens up over Urfahr and the massive building of the 'Petrinum', a former boys' boarding school at the foot of the mountain. Formerly, the passing loop had a gradient of 30 ‰, changing into a 104 ‰ slope on the upward route, but after reconstruction, the loop has a 42 ‰ slope, which then

Triebwagen XIV an der Haltestelle Hoher Damm
Motor car no. XIV at the Hoher Damm stop

Triebwagen XIV passiert den Felseinschnitt (26.10.2006).
Motor car no. XIV passes through the rock cutting (26 Oct 2006).

Im Rahmen der Revitalisierung wurden die Haltestellen (im Bild Oberschableder) barrierefrei gestaltet und mit neuem Fahrscheinautomaten ausgestattet; die Wartehäuschen und historischen Haltestellenschilder wurden restauriert.
The upgrading process included the construction of raised platforms to provide full accessibility, the installation of ticket vending machines, and the restoration of the waiting sheds and station signs (here at Oberschableder).

Neigung 42 ‰ und bergan 108 ‰. Kreuzungen fanden hier nur bei 10-Minuten-Verkehr und bei Sonderfahrten statt, es ist eine hölzerne Wartehütte vorhanden. Nach Querung der Matoschstraße und Passieren eines kurzen Waldstücks folgt bei km 0,3 die Bedarfshaltestelle Pöstlingberg Schlössl (früherer Name: Hotel), benannt nach dem 1898 im Münchner Jugendstil errichteten Hotel-Restaurant Pöstlingberg. Ein markanter Neigungsbruch (Kuppe) von 102 auf 30 ‰ kennzeichnete bislang diesen Streckenverlauf, nun beträgt dieser 108 auf 40 ‰. Auch hier befindet sich eine hölzerne Wartehütte. Hinter der Haltestelle bietet sich nochmals ein prächtiger Ausblick auf die Stadt, ehe sich die Strecke nach links zur Endstation „Pöstlingberg" zuwendet und die Samhaberstraße quert. Kurz vor der Bergstation befindet sich mit einem Neigungswechsel von 105 auf 0 ‰ eine stark ausgeprägte Kuppe. Der zweigleisige Endbahnhof auf Seehöhe 519,2 m befindet sich in einem Turm der ehemaligen Befestigungsanlage, die Innenräume dienen als Wartebereich. Die Wallgräben um den Turm herum wurden für die Bahntrasse überbrückt, das Ein- und Ausfahrtstor hineingeschlagen, dennoch blieb der „fortificatorische" Charakter erhalten. Ein kleiner Park mit Brunnen empfängt den Fahrgast; unter seinem großen Regenschirm sitzt ein Zwerg und weist mit dem Daumen den Weg zur Grottenbahn.

Unweit der Bergstation erwarten den Besucher dann die sehenswerte barocke Wallfahrtskirche, die Aussichtsterrasse, das Tiergehege im Graben der Befestigungsanlage sowie die Grottenbahn und ihre Märchenwelt. Der Blick vom Pöstlingberg über die Landeshauptstadt ist großartig und vor allem an klaren Nachmittagen ein Erlebnis. Die öffentlich zugängliche Aus-

increases to 108 ‰ on the way up to the mountain top. This passing loop used to be required during a 10-minute headway and for special rides; the stop has a wooden shelter.

After the level crossing at Matoschstraße and a short section through a forest, the Pöstlingbergbahn serves the request stop Pöstlingberg Schlössl (originally called 'Hotel') at km 0.3, a name that refers to the Hotel-Restaurant

Sommertriebwagen I am Tor zur Bergstation, am Eröffnungstag und ...
Summer car no. I at the gateway to the mountain terminus, on the day of the line's inauguration and ...

Kurz vor Erreichen der Bergstation bietet sich nochmals ein prächtiger Blick auf Linz.
Just before arriving at the upper terminus, passengers can enjoy their last great view of the city.

Pöstlingberg, which was opened in 1898 in Munich art-nouveau style. A significant change of gradient from 102‰ to 30 ‰ used to characterise this point, but this has now been changed to 108 ‰ and 40 ‰, respectively. This stop is also equipped with a wooden shelter. After leaving the stop, passengers can enjoy a last view down to the city centre before the trains turn left, cross Samhaberstraße, and head up to the mountain terminus called 'Pöstlingberg'. Shortly before arriving at the terminus, the gradient changes abruptly from 105 ‰ to 0 ‰. The double-track terminus lies inside one of the towers of the former fortification walls at 519.2 m above sea level; the waiting room is located inside the tower building. For the railway line, the moat around the tower was bridged over, and a hole was cut to allow the trains to enter the tower through a gateway, preserving the fortified character. There is a small park with a fountain, and a dwarf sitting under a huge umbrella shows the way to the Grottenbahn.

Only a short walk from the upper terminus, visitors can enjoy the magnificent baroque basilica, the panorama terrace, the animal compound in the moat, as well as the Grottenbahn and its fairytale world. The view from the Pöstlingberg across the city is excellent and especially enjoyable on clear afternoons. The freely accessible terrace is equipped with information panels, audio-guides and telescopes. There used to be a commemorative plaque dedicated to the construction of the Pöstlingbergbahn.

The Pöstlingbergbahn allows passengers an easy escape from the busy city life. With changing panoramas across the city, the Danube Valley and the surrounding hills, the slow and relaxed journey is never boring; instead, your expectations grow as you approach the summit. Upon arrival, you are both enthralled by the atmosphere, as well as surprised at how such a short ride can take you into a completely different world.

sichtsterrasse ist mit Informationseinrichtungen (Audio-Anlage, Tafeln, Fernrohre) ausgestattet. Früher war eine Gedenktafel angebracht, die sich der Entstehung der Bergbahn widmete.

Mit der Bergbahn entfliehen ihre Fahrgäste buchstäblich dem Stadtrummel. Mehrere Sichtachsen ermöglichen wechselnde Blickrichtungen auf die Stadt Linz, das Donautal und die hügelige Umgebung, so dass die langsame Bergbahnfahrt abwechslungsreich und in ihrer Beschaulichkeit sicherlich kaum zu überbieten ist. Man nähert sich dem Berggipfel mit steigender Erwartungshaltung. Oben angekommen wird der Besucher sofort berührt sein von der Stimmung, und sich wundern, in welch andere Welt ihn die kurze Fahrt mit der Bergbahn versetzen konnte!

... 100 Jahre später
... 100 years later

Niederflur-Triebwagen 501 an derselben Stelle im Jahr 2009
Low-floor car no. 501 at the same location in 2009

Zwischen Schableder und Tiergarten fährt am 6.6.1976 Sommertriebwagen III talwärts. (Foto: G. Hofmann)
Summer car no. III on a downhill journey between Schableder and Tiergarten on 6 June 1976

Christian Hager

111 Jahre Pöstlingbergbahn

_ Josef Urbanski und das Zahnradbahnprojekt

Die weißen Türme der Pöstlingbergkirche, von vielen Punkten der Landeshauptstadt und des umliegenden Beckens sichtbar, markieren die Spitze des Linzer Wahrzeichens. 539 m ragt der Gipfel in den Himmel, kein Rekord in einem Alpenland, aber hoch genug, um dort oben der Stadt entrückt zu sein und an klaren Tagen eine prächtige Aussicht auf die Gebirgskette im Süden bieten zu können. Seinen Namen hat der Berg vom „Pößling-Gut", das nordöstlich der Spitze lag und von dem heute nur noch wenige Mauerreste übrig sind. Im frühen 18. Jahrhundert gewann der Berg mit der einsetzenden Wallfahrt langsam an Bedeutung, ein frommer Linzer hatte mit der Aufstellung einer hölzernen Muttergottes den Grundstein zu dieser Entwicklung gelegt, es folgte 1748 die Einweihung der barocken Wallfahrtskirche.

Keine hundert Jahre später verlieh die „Maximilianische Befestigungsanlage", dem Berg ein völlig neues Aussehen. Mächtige Steinmauern und Gräben umgaben den Gipfel; die behäbigen Steintürme mit verbindenden Wällen sollten zwar militärische Stärke und Abwehrbereitschaft demonstrieren, brauchten sich aber glücklicherweise im Ernstfall nie bewähren, vielmehr wurden sie bald zum beliebten Ausflugsziel im biedermeierlichen Linz. Für die Festungsanlage war der Baumbestand geopfert worden, jetzt war der Blick frei: „Bei heiterem Himmel entfaltet sich vor uns die ganze Pracht der Alpen, vom Schneeberg bis zu den Bergriesen an der Salzburger Grenze. Aus den blauen Linien treten besonders hervor die mächtige Prielgruppe, der schneebedeckte Dachstein, der scharf gekenn-

Christian Hager

111 Years of the Pöstlingbergbahn

_ Josef Urbanski and his Rack Railway Project

The white towers of the basilica, visible from many corners of the city and its surrounding basin, stand at the top of Linz' landmark, the 539 m high Pöstlingberg, which, although certainly not an outstanding mountain in this alpine country, is high enough to rise above the city and provide, on clear days, splendid views over the mountain ranges in the south. The mountain's name is derived from an estate called 'Pößling-Gut', which was located to the northeast of the summit, but which has completely disappeared except for a few ruins. In the early 18th century, after a devout Linzer had erected a wooden madonna, the mountain slowly became an important place of pilgrimage, resulting in the baroque basilica being inaugurated in 1748.

In less than 100 years, the mountain's appearance changed drastically with the erection of the 'Maximilian Fortifications' – the top of the mountain was now surrounded by mighty stone walls, towers and moats; meant to convey military strength and the will to defend the city, the fortifications were fortunately never put to the test. Instead, they soon became a popular day trip destination in the Biedermeier era. To build the fortifications, many trees had had to be felled, and visitors were thus able to enjoy a splendid view: 'On clear days, the full beauty of the Alps unfolds before us, from the Schneeberg to the high mountains near the Salzburg border, with the mighty Priel Massif and the snow-covered Dachstein, the uniquely shaped Traunstein and the long range of the Höllengebirge, at whose foot the Attersee shimmers,

zeichnete Traunstein, der lange Rücken des Höllengebirges, an dessen Fuß der Attersee blaut, und der aussichtsreiche Schafberg," schrieb der oberösterreichische Landes-Archivar Ferdinand Krakowizer in seinem 1905 erschienenen Buch „Die Donaustadt Linz".

Verkehrstechnisch war der Pöstlingberg im 19. Jahrhundert nur durch die damals üblichen unbefestigten Karren- und Fahrwege erschlossen. Diese Situation wollte der aus dem Osten der Donaumonarchie, aus Galizien stammende Techniker Josef Urbanski (geb. 1846) durch einen Schienenweg verbessern. Urbanski war 1889 nach Linz gekommen und hatte eine Stelle als Bauingenieur bei der Kremstalbahn-Gesellschaft angetreten. Er war Trassierungs-Spezialist und wollte sich in dieser Eigenschaft vermutlich selbständig machen, jedenfalls quittierte er seinen Dienst und trat 1891 mit dem Ansuchen an das Handelsministerium heran, „die Vorarbeiten zur Anlage einer Zahnrad-Bahn mit dem Ausgangspunkte Urfahr auf den Pöstlingberg" durchführen zu dürfen. Urfahr, heute der nördliche Stadtteil von Linz, war damals eine eigene Gemeinde. Die Bahn sollte mit zwei Dampflokomotiven betrieben werden und glich anderen Bauvorhaben, die im ausgehenden 19. Jahrhundert Ausflugsberge erschlossen - man denke an die Kahlenbergbahn in Wien, die Gaisbergbahn in Salzburg und die an der Landesgrenze zwischen Oberösterreich und Salzburg verlaufende Schafbergbahn. Das Zahnrad-System „Riggenbach" mit einer zwischen den Schienen angeordneten gezahnten dritten Schiene, in die ein Antriebsrad eingreifen konnte, war notwendig, da die Strecke auf den Berg Steigungen bis 118 ‰ aufwies.

Nachdem Urbanski die Geldmittel für die Vorarbeiten aufgetrieben hatte – die Städte Linz und Urfahr zeigten sich zugeknöpft, weshalb ein Privatmann, der Realschul-Professor Stranik aushelfen musste – erhielt er mit Schreiben vom 28. Mai 1892 die Genehmigung zur Durchführung der technischen Vorarbeiten. Schon aber zeichnete sich Urbanskis Scheitern ab, konnte er doch keine weiteren Geldgeber für sein Projekt finden. Die Mittel, die er für die Trassierungsarbeiten erhalten hatte, waren bald erschöpft und ein Ansuchen an den Gemeindeausschuss Urfahr um die Beteiligung an der weiteren Finanzierung blieb ergebnislos.

Schließlich fand Urbanski in Gotthard Ritter von Ritschl, Inhaber einer Wiener Baufirma, einen Partner und gemeinsam mit dem zum Rechtsvertreter bestimmten Linzer Anwalt Dr. Carl Beurle verfolgte man das Bauvorhaben weiter. Als Urbanski und Ritschl im Mai 1894 dem Handelsministerium mitteilten, dass in dem Projekt die Variante einer elektrischen Adhäsionsbahn mit zu berücksichtigen sei, stellte die Behörde postwendend die Frage, woher die Ansuchenden den Strom für ihre Bahn beziehen wollten. Darüber konnte man keine Auskunft geben. Ungünstig

Beim Bau dienten Ochsengespanne dem Transport der Turm- und Gerätewagen. (Archiv Linz AG)
During construction, oxen were used to pull the tower and material wagon.

as well as the Schafberg with its splendid views', the Upper Austrian archivist Ferdinand Krakowizer described the panorama in his book 'Die Donaustadt Linz', published in 1905.

In the 19th century, the Pöstlingberg was only accessible on unpaved trails and roads, typical for those times. The engineer Josef Urbanski, born in Galicia in the east of the Austro-Hungarian Empire in 1846, wanted to improve this situation with the construction of a railway. Urbanski came to Linz in 1889 to work with the Kremstalbahn, a railway running south from Linz. He specialised in the routing of railway lines and apparently wanted to start his own business, as he quit his job in 1891 and approached the Ministry of Trade to ask for permission to start preliminary works on the construction of a rack railway from Urfahr up to the Pöstlingberg. Urfahr, which is now the northern district of Linz, was then an independent municipality. The line was to be operated with two steam locomotives and to be similar to other mountain railways being planned at the end of the 19th century, like the Kahlenbergbahn in Vienna, the Gaisbergbahn in Salzburg and the Schafbergbahn. The Riggenbach system, which has a rack located between the rails to take the traction wheel, was considered necessary to cope with a grade of up to 118 ‰.

Once Urbanski had secured funding for the planning of the line – the cities of Linz and Urfahr had not been willing to participate, so a private investor, Professor Stranik had helped out – he received planning permission on 28 May 1892. But his plans were destined to fail soon afterwards as it was impossible to find the additional funding necessary for the development of the project. The money received for

Probefahrten vor der Betriebsaufnahme mit den Triebwagen VI und V unterhalb der Ausweiche Oberschableder (Sammlung H. Schaffer)
Test runs before inauguration with motor cars VI and V below the Oberschableder passing loop

Fotohalt anlässlich der technisch-polizeilichen Prüfungsfahrt am 28. Mai 1898 nächst der Bergstation (Sammlung H. Schaffer)
Photo stop near the mountain terminus on 28 May 1898 during the technical commissioning procedure

Im Jahre 1899 begegnen sich die Triebwagen VII und VIII an der Haltestelle Schableder (darüber ist das Schabledergut abgebildet). Das kleine Holzhäuschen diente dem Weichenwärter als Unterstand. (Sammlung R. Schrempf)
Cars no. VII and VIII meet at Schableder in 1899 (the Schableder estate is visible in the background). Next to the tracks, a wooden hut provides shelter for the switch operator.

für Urbanski war schließlich der Umstand, dass sich zur selben Zeit in Linz ein Interessenten-Ausschuss bildete, der sich mit der Errichtung eines Dampfkraftwerkes befasste. Diesen Ausschuss leitete niemand anderer als Dr. Beurle und auch Ritter von Ritschl, auf den mittlerweile die Vorkonzession für die Bergbahn ausgedehnt worden war, gehörte ihm an. Diese Gruppe wusste nicht nur Geldgeber hinter sich, sondern verfügte über die nötigen Kontakte zur jungen Elektroindustrie. Verschiedene Änderungen, die der Ausschuss in Urbanskis Plänen vornahm – so wurde die Endstation auf dem Berg höher gelegt – führten dazu, dass letztlich Hermann Danner, Ingenieur in Ritschls Diensten, anlässlich der Kommissionierung der neuen Bahn am 10. Juni 1895 als „Projectsverfasser" bezeichnet wurde.

Wirtschaftliche, aber auch technische Gründe waren ausschlaggebend, dass Urbanski nicht bis zuletzt am Bahnbau beteiligt war. Warum man seine Urheberschaft an der Pöstlingbergbahn nicht anerkannte, mag seine Ursache darin haben, dass bei Verwirklichung dieser Strecke nicht so sehr Probleme der Trassierung als vielmehr der Elektrotechnik im Vordergrund standen. Urbanski muss verzweifelt und verbittert über sein Ausscheiden gewesen sein, als er 1897 Linz verließ. An die Urheberschaft des ersten Projektanten der Pöstlingbergbahn, der 1903 in Wien verstarb, erinnerte eine an der Aussichtsplattform angebrachte Gedenktafel, die bei Renovierungsarbeiten im Jahr 2007 zerbrach, und auf dem Berg ist eine Straße nach ihm benannt.

_ Die „Tramway- und Elektricitäts-Gesellschaft Linz-Urfahr" errichtet die Bergbahn

Voller Erwartungen sah man Ende des 19. Jahrhunderts in der Landeshauptstadt der Einführung der Elektrizität und der Umstellung der bestehenden Pferdestraßenbahn auf elektrischen Betrieb entgegen. Mitte 1895 bildete sich unter der Führung von Dr. Carl Beurle (1860 - 1919) ein „Consortium für Errichtung von elektrischen Anlagen in Linz", das die Errichtung eines kalorischen Kraftwerkes in der Keplerstraße (heute Lederergasse) betrieb, welches Strom für die Straßenbahn und eine „Steilbahn" auf den Pöstlingberg, sowie für private Abnehmer liefern sollte. Aus dem „Consortium" ging am 15. Februar 1898 die „Tramway- und Elektrizitäts-Gesellschaft Linz-Urfahr (TEG)" hervor, Vorläufer der heutigen Linz AG. Je 44,9 % des Aktienkapitals hielten die Österreichische Länderbank und die Union Elektrizitätsgesellschaft Berlin, 10,2 % befanden sich in privaten Händen. Im Vertrag vom 10. März 1896 verpflichtete sich das Konsortium gegenüber der Stadt Linz, zunächst die Straßenbahn zu elektrifizieren und die Stromversorgung der Stadt aufzubauen, bis Mai 1898 sollte die Linie auf den Pöstlingberg folgen.

the planning was rapidly spent, and the Urfahr town council remained unwilling to invest in the project.

Eventually, Urbanski found a partner in Gotthard Ritter von Ritschl, who owned a construction company in Vienna; together with the lawyer Dr. Carl Beurle from Linz, they continued working on the project. In May 1894, Urbanski and Ritschl told the Ministry that the option of an electric adhesion railway was to be considered, too, but when asked where the electric power was to be supplied from, they were unable to answer. At the same time, a new committee discussed the possibility of building a steam power station; to Urbanski's surprise, the chairman of the committee was Dr. Beurle, and Ritter von Ritschl, who had meanwhile gained a concession for the construction of the mountain railway, also participated in it. This group had not only found the support of potential investors, but also had the necessary contacts with the emerging electrical industry. The many modifications made to Urbanski's project – e.g. the relocation of the mountain terminus to a higher altitude – eventually led to Hermann Danner, an engineer working for Ritschl, being recognised as the initiator of the project when final permission was granted on 10 June 1895.

Economic as well as technical reasons were decisive factors in Urbanski's lack of involvement in the realisation of the railway project. The fact that electric traction issues were at that time more important than questions of alignment may have been the reason why he was denied recognition as the father of the Pöstlingbergbahn. Urbanski must have been desperate and disappointed when he left Linz in 1897. He died in Vienna in 1903. In his memory, a street in the Pöstlingberg area is named after him, but a commemorative plaque, which had been displayed on the panorama platform, broke during refurbishment in 2007.

_ *The Mountain Railway built by the „Tramway- und Elektricitäts-Gesellschaft Linz-Urfahr"*

At the end of the 19th century, the arrival of electricity and the conversion of the horsetram routes to electric operation was welcomed with great expectations. In mid-1895, a 'consortium for the construction of electric plants' was founded under the leadership of Dr. Carl Beurle (1860-1919) to build a thermal power station on Keplerstraße (now Lederergasse), which was to supply electricity not only to the tramway system and the steep railway to the Pöstlingberg,

Sonntagsverkehr auf der Pöstlingbergbahn am 22. Juni 1898. Bequem konnte man anfangs von der Bergbahn in die Straßenbahn umsteigen, vorne das Gleis der Mühlkreisbahn. (Archiv Linz AG)
Sunday traffic on the Pöstlingbergbahn on 22 June 1898: in the early days, convenient transfer was provided between the tramway and the Pöstlingbergbahn (the Mühlkreisbahn track is visible in the foreground).

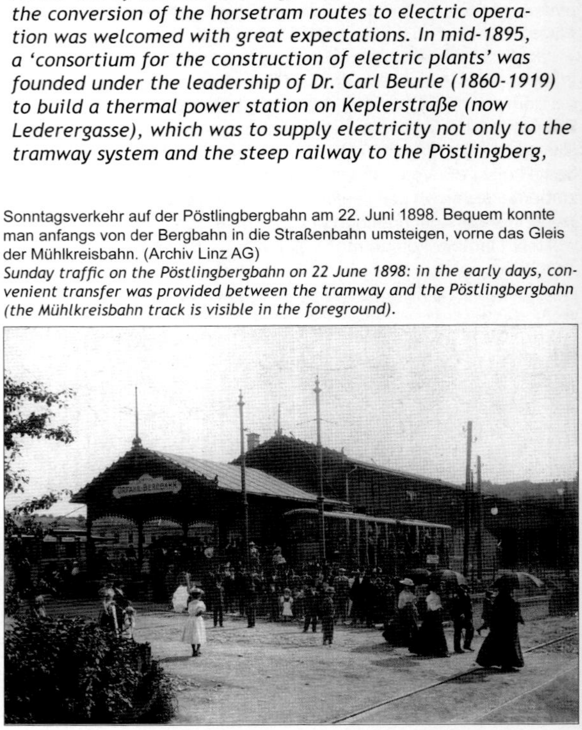

Die Kreuzung mit der Mühlkreisbahn mit schwenkbaren Schienenstücken für die Bergbahn (Sammlung H. Schaffer)
Intersection with the Mühlkreisbahn with movable track section for the Pöstlingbergbahn

Im Oktober 1896 fanden die politische Begehung zur Festlegung der Trasse und die Enteignungsverhandlungen mit Erfolg statt. Damals wurde als Ausgangspunkt der Pöstlingbergbahn die Straßenbahnremise an der Kreuzung Kaarstraße/Landgutstraße festgelegt. Die Linzer Straßenbahn behielt die Spurweite der Pferdebahn, 900 mm bei, die Pöstlingbergbahn hatte eine solche von 1000 mm. Mit Kundmachung vom 30. April 1897 erhielt das Konsortium die Konzession für die Straßenbahn vom Staatsbahnhof nach Urfahr und für die Pöstlingbergbahn.
In einem Vortrag im „Verein für die Förderung des Local- und Straßenbahnwesens in Wien" referierte Gotthard von Ritschl am 11. Jänner 1897 über das Bahnbauprojekt, in dem er besonders hervorhob, dass die Verbindung auf den Berg durch „Anlage einer Adhäsions-Bergbahn" gelöst wurde. Die Spurweite bestimmte die Konstruktion der Wagenmotoren: „Für die Bergbahn müssen jedoch bei der Steigung von maximal 105 ‰ Motorwagen mit je zwei bedeutend stärkeren Motoren angeschafft werden, und ist mit Rücksicht auf die Größe dieser stark wirkenden Motoren auch die Spurweite der Motorwagen mit mindestens 1 m auszuführen."

1897 wurde mit dem Bau der Pöstlingbergbahn begonnen. Als Generalunternehmer fungierte die Union-Elektrizitäts-Gesellschaft, die Tiefbauarbeiten wurden an die Firma Ritschl vergeben. Die Linzer nahmen regen Anteil am Baufortschritt und an den Anfang 1898 einsetzenden Probefahrten auf der neuen Strecke, wie Zeitungsberichte belegen.

Zu Pfingsten 1898 kam die große Stunde für die Pöstlingbergbahn. Am Samstag, 28. Mai, wurde die technisch-polizeiliche Prüfung der Strecke und der Fahrbetriebsmittel vorgenommen, die ohne Beanstandungen verlief, weshalb die Bewilligung zur Betriebsaufnahme für Pfingstsonntag, 29. Mai 1898, erteilt wurde. Diese Kommissionierung war wohl keine reine Formsache, denn man wagte es nicht, die Betriebsaufnahme vorher öffentlich anzukündigen, wie die Presse berichtete. So beteiligten sich an der ersten Fahrt, die nach einer Ansprache des Betriebsleiters stattfand, nur wenige zahlende Passagiere. Der Motorwagen Nr. IV fuhr, festlich dekoriert, um 7.36 Uhr von Urfahr ab – der Betrieb der Pöstlingbergbahn hatte begonnen!

Die Pöstlingbergbahn nahm ihren Ausgang ursprünglich unmittelbar neben der (inzwischen abgetragenen) Remise der Straßenbahn an der Landgutstraße, deren Hallen und Werkstätteneinrichtungen auch für die Bergbahnwagen genutzt wurden. Ein hölzerner Bahnsteig mit Flugdach an der Landgutstraße diente beiden Verkehrslinien gleichermaßen. Die Anordnung dieser Abfahrtsstelle bedingte das Überqueren des Gleises der Mühlkreisbahn, die seit 1888 von ihrem Endbahnhof in der Kaarstraße nach Aigen-Schlägl führt. Die Schienen der Berg-

but also to private clients. On 15 February 1898, the 'consortium' became the 'Tramway- und Elektrizitäts-Gesellschaft Linz-Urfahr (TEG)', the predecessor of today's Linz AG. The 'Österreichische Länderbank' and the 'Union Elektrizitätsgesellschaft Berlin' each owned 44.9 % of the company's shares, the remaining 10.2 % being in private hands. The contract signed with the city of Linz on 10 March 1896 obliged the new company to first electrify the tramway lines and establish a power supply system for the city, and then build the Pöstlingbergbahn by May 1898.

By October 1896, the final alignment had been approved and the negotiations for the acquisition of the required land had been concluded. At the same time, the starting point for the line was determined to lie adjacent to the tramway depot at the Kaarstraße/Landgutstraße road intersection. While the urban tramway maintained the 900 mm gauge inherited from the horse tramways, the Pöstlingbergbahn was to be built with 1000 mm gauge. In an announcement made on 30 April 1897, the tramway company was awarded the concession for the tramway line from the Staatsbahnhof, the city's main railway station, to Urfahr, as well as for the Pöstlingbergbahn.

In a speech held on 11 January 1897 at the 'Verein für die Förderung des Local- und Straßenbahnwesens in Wien' [Association for the Promotion of Local and Tramway Lines in Vienna], Gotthard von Ritschl stressed the fact that the link to the Pöstlingberg was to be built in the form of an adhesion mountain railway. The chosen gauge was determined by the type of motors to be used: 'For the maximum grade of 105 ‰, vehicles with two significantly stronger motors will have to be purchased, and keeping in mind the size of these powerful motors, the vehicles will need to have a gauge of at least one metre.'

The construction of the Pöstlingbergbahn began in 1897. The 'Union-Elektrizitäts-Gesellschaft' acted as the general contractor, while the civil engineering works were awarded to Ritschl's company. The local population followed the progress of the construction with great interest and participated in the test rides, which began in early 1898.

Whitsun 1898 was the big day for the Pöstlingbergbahn. The technical commissioning of the route and the vehicles took place on Saturday, 28 May, and as there were no objections, permission to open the line was granted for Sunday, 29 May. According to the press, the commissioning was not just a formality, as no one had dared to publicly announce the opening. The first ride, which started after a speech given by

Nördlich der Gleise der Mühlkreisbahn wurde der „Bergbahnhof Urfahr" errichtet; vorne die Endstation der Straßenbahn und deren Remise, etwa 1905. (Archiv Linz AG)
The lower terminus, the 'Bergbahnhof Urfahr', was built on the northern side of the Mühlkreisbahn tracks; in the foreground are the tramway terminus and depot, ca. 1905.

bahn lagen an der Kreuzungsstelle auf denen der Eisenbahn und mussten nach jeder Überfahrt weggeschwenkt werden, ein Vorgang, der sich bereits in der ersten Betriebssaison als schwerfällig und verkehrsbehindernd erwies. Im Winter 1898/99 entstanden deshalb nördlich der Mühlkreisbahn der „Bergbahnhof“ als Fachwerkbau mit Ziegelfüllung und zwei Perrons, dessen Eingang zwei zierliche Dachtürmchen schmücken, sowie eine Wagenhalle. Die Verbindung zur Werkstätte über die Mühlkreisbahn blieb für innerbetriebliche Zwecke noch bis 1902 erhalten.

Die TEG hatte mit der Pöstlingbergbahn eine echte Attraktion für die Linzer, Urfahraner und ihre Gäste geschaffen, die bald Ergänzung durch einen einladenden Gastronomiebetrieb finden sollte. Am 30. August 1898 öffnete das im romantischen Münchner Jugendstil errichtete „Bergbahnhotel“, heute „Pöstlingberg-Schlössl“ seine Pforten. Der von Türmchen eingefasste Bau mit vielgliedriger Dachlandschaft, großzügiger Terrasse und weitläufigem Garten erhebt sich an der alten Festungsmauer unterhalb der Wallfahrtskirche. Als typisches Objekt der TEG war das Hotel jahrelang Motiv auf den Fahrkarten der Bergbahn. Ein Ausflug zur Bergspitze war um die Jahrhundertwende allerdings durchaus kein billiges Vergnügen, 50 Heller betrug der Fahrpreis, ein „Kondukteur“, also Schaffner, erhielt die Hälfte davon als Stundenlohn!

Gemäß Konzessionsurkunde bestand für die Pöstlingbergbahn Betriebspflicht zwischen 15. April und 15. Oktober. Schon im ersten Jahr fuhren die Wagen an schönen Tagen, die einen gewissen Publikumsandrang erwarten ließen, bis Dezember. In der Stadt trugen die Straßenbahnwagen dann an den Stirnseiten Hinweistafeln „Heute Pöstlingbergbahn in Betrieb“.

Durch die Bahn erfuhr auch die Wallfahrt eine Belebung, denn nun konnten ältere und gebrechliche Personen ohne Mühe zur Kirche gelangen. Insgesamt beförderte man 1898 159.338 Fahrgäste.

Im Winterhalbjahr 1898/99 gab es wieder viel Arbeit: Auf dem Berg wurde sofort mit der Herstellung der Parkanlagen begonnen, die freien Flächen vor dem Hotel wurden bepflanzt, Wege entstanden und Ruhebänke wurden aufgestellt.

Im 2. Betriebsjahr, es dauerte von April bis Dezember (238 Betriebstage), konnte der Fachwerkbau des „Bergbahnhofes“ in Urfahr fertig gestellt werden. Die Erwartungen der TEG in den Verkehr der Bahn erfüllten sich 1899 wohl nicht ganz: „Die Bergbahn hat gegenüber dem Vorjahre in derselben Zeitperiode einen kleinen Rückgang zu verzeichnen; wenn aber berücksichtigt wird, dass im Eröffnungsjahre das Interesse der Neuheit vorhanden war, ferner die große Brandkatastrophe in Ottensheim durch drei Wochen die Einheimischen und Fremden merklich von der Bergbahn ablenkte, und schließlich noch die Überschwemmung und die zahlreichen Regenperioden des vergangenen Sommers in Betracht gezogen werden, so kann auch hier das Ergebnis als ein günstiges angesehen werden.“ (Geschäftsbericht)

Unterhalb des Pöstlingberg-Schlössls und der Wallfahrtskirche nähert sich ein geschlossener Triebwagen (Nr. VII oder VIII) der Bergstation. (1910, Sammlung K. Aberl)
Below the Pöstlingberg Schlössl and the basilica, an enclosed car (no. VII or VIII) approaches the mountain terminus.

the director of the tramway company, therefore only carried a few paying passengers. Vehicle no. IV, decorated for the occasion, departed at 07:36 from Urfahr – operation on the Pöstlingbergbahn had thus begun.

Initially, the Pöstlingbergbahn's departure point lay adjacent to the tramway depot (now demolished) on Landgutstraße; these facilities were shared by the trams and Pöstlingbergbahn vehicles. The same wooden platform with a canopy was used by both systems. The location of this departure point required the crossing of the single track used by the Mühlkreisbahn, a railway which had been operating since 1888 from its terminus on Kaarstraße to Aigen-Schlägl. At the intersection, the rails of the Pöstlingbergbahn were actually lying on top of the mainline rails, and after each crossing they had to be swung sideways, a manoeuvre which proved cumbersome and already caused obstruction in the first year of operation. During the winter of 1898/99, a new station, the 'Bergbahnhof', was therefore built on the northern side of the Mühlkreisbahn; the building had timber framing with brick filling and two platforms; the entrance was enhanced with two small towers. There was also a new depot; the mobile link across the mainline track to the workshop, however, remained in place until 1902.

The Pöstlingbergbahn became a real attraction for both the local population of Linz and Urfahr as well as visitors, and as a result, the 'Bergbahnhotel', the present 'Pöstlingberg-Schlössl', a hotel built in romantic Munich art nouveau style, opened its doors on 30 August 1898. The building is lined with small towers and covered with an irregular roof; complemented by a large terrace and garden, it is located by the old fortification walls below the basilica. Being a typical TEG building, it was illustrated on the tickets of the Pöstlingbergbahn for many years. At the turn of the century, however, a trip to the top of the mountain was not a cheap day out, as the fare was 50 hellers, twice the conductors' hourly rate of pay.

According to the concession contract, the Pöstlingbergbahn was obliged to operate between 15 April and 15 October. Already in the first year, however, it continued to run until December on nice days, when a significant number of passengers

Oberhalb der heutigen Haltestelle Tiergarten fahren um 1905 die Triebwagen IX und III bergwärts, im Hintergrund erkennt man das Linzer Schloss und den Neuen Dom. (Sammlung R. Schrempf)
Motor cars no. IX and III are on an upward journey above the present stop Tiergarten, ca. 1905; in the background, the Linz Palace and Cathedral can be seen.

Im verschneiten Bergbahnhof Urfahr begegnen sich um 1950 die Triebwagen VI und X, man beachte den Skitransport an der Stirnseite des Triebwagen X. (Archiv Linz AG)
Motor cars no. VI and X meet in the snow-covered lower terminus; special racks mounted on the front of car no. X are used for skis.

Im Jahr 1900 war die Bergbahn alle zwölf Monate in Betrieb. Damals entwickelte sich bei günstiger Schneelage der Pöstlingberg zu einem Wintersportzentrum: Auf der „Mayr-Wiese“ waren Schiläufer zu sehen – 1905 gab es erstmals ein Rennen – und zwischen Hotel und Schloss Hagen lockte eine Rodelbahn. Weitere Anziehungspunkte für den Besucher kamen dazu: 1900 eröffnete beim Eingang zum Kastell ein Gasthof, das spätere Restaurant „Bellevue“. Die TEG setzte die Verschönerung der Grünflächen fort, tausende Waldbäume wurden gepflanzt und die Festungsgräben erhielten lebende Zäune. Das besondere Augenmerk galt den alten Maximilianischen Türmen. Einer diente bereits als origineller Endbahnhof, Turm V wurde zur Aussichtsplattform, von der aus man den viel gepriesenen Weitblick auf Stadt und Land genießen konnte und im Turm II lud ab 6. August 1906 die „Grottenbahn“ (ursprünglich „Turmbahn“) zur Fahrt ein. Nach den Plänen des damaligen Betriebsdirektors der TEG, Ing. Franz Scheinig, wurde dieses einzigartige Bähnchen im Obergeschoss des alten Gemäuers eingerichtet. Ein kleiner, elektrisch angetriebener „Drachenzug“, der 33 Personen Platz bot, verkehrte auf dem Rundkurs; die Wände waren mit Gesteinen, Spiegeln sowie Figuren in der Art einer Grotte gestaltet und die Fahrgäste konnten sich am Lichterschein färbiger Glühbirnen – damals für viele Menschen noch eine sensationelle Neuheit – erfreuen. Die letzte Runde allerdings verlief in völliger Dunkelheit, nur eine Leuchtschrift „Küssen verboten“ gemahnte zur Ordnung ...

Der Ausbruch des Ersten Weltkrieges brachte einen unerwarteten Verkehrsanstieg, aber bald zeichneten sich negative Entwicklungen für die TEG ab und der Geschäftsbericht klagte: „Die Bewältigung dieser Mehrleistung war mit sehr großen Schwierigkeiten verbunden, weil der Personalstand durch die fortlaufenden Einberufungen zur Kriegsdienstleistung fortwährende Veränderungen erlitt. Von dem Gesamtpersonale im

could be expected. Down in the city, the trams then carried a sign announcing ‘Pöstlingbergbahn in operation today.’

The new railway also stimulated pilgrimage to the mountain, as elderly and weaker people were now able to reach the basilica without much effort. In 1898, the Pöstlingbergbahn carried a total of 159,338 passengers.

During the winter season of 1898/99, a large amount of work was done on the mountain: in the area in front of the hotel, a park was laid out with plants, walkways and benches.

During the second year of operation, which lasted from April to December (238 days of service), the station building at the Urfahr terminus was completed. The ridership figures for 1899, however, remained below expectations: ‘Compared to the same period in the previous year, the Pöstlingbergbahn registered a slight reduction in ridership; but keeping in mind that in the opening year the novelty of the railway had attracted many people, that the big fire in Ottensheim had caught the attention of locals and visitors over a period of three weeks, and that floods and heavy rains had spoilt the past summer, the final results can still be seen as rather positive’, the TEG’s annual report stated.

In 1900, the Pöstlingbergbahn was in service for twelve months; heavy snowfalls had turned the mountain into a winter sports resort: skiers were seen on the ‘Mayr-Wiese’ – in 1905 the first race took place there –, and between the hotel and Schloss Hagen, sled-riding became the new attraction. The year 1900 also saw the opening of another inn at the entrance to the fort, which later became the ‘Bellevue’ restaurant. The TEG continued to develop the green areas, thousands of forest trees were planted, and the moats were secured with live fencing. Special attention was given to the Maximilian Towers: one of them had already been converted into the upper terminus of the Pöstlingbergbahn; tower no. V

Als die Sicht auf die Pöstlingbergspitze noch frei war (etwa 1970), schlängelt sich Triebwagen XVIII von der Haltestelle Schableder talwärts. (Sammlung H. Schaffer)
At the time when the view of the top of the mountain was still unobstructed (ca. 1970), motor car no. XVIII winds its way downhill near the Schableder stop.

August 1914, von 390 Angestellten, befinden sich gegenwärtig 194 im Feld. Da entsprechender männlicher Ersatz nicht zu haben war, wurden Frauen zu den Dienstleistungen in den Kanzleien und Bahnbetrieben herangezogen und waren Ende Dezember 1915 in den Kanzleien 25, bei den Bahnbetrieben 11 Wagenführerinnen, 69 Schaffnerinnen und 9 Hilfsarbeiterinnen beschäftigt."

_ Die Bergbahn fährt durch die Krise: Erste Republik und Zweiter Weltkrieg

Der Krieg war aus, Not und Hoffnungslosigkeit zogen 1918 in das einstige Kronland Oberösterreich, das nun zu einem Bundesland der Ersten Republik geworden war. Die unglückliche Stimmung jener Jahre fand auch in den Geschäftsberichten der TEG ihren Niederschlag und natürlich blieb die Bahn auf den Berg von der Krise nicht unberührt: „Der Betrieb der Pöstlingbergbahn konnte (1920) nur durch erhebliche Zuschüsse aufrecht erhalten werden, während beim Straßenbahnbetriebe die Einnahmen knapp die Ausgaben balancierten. Trotzdem konnten wir uns zu der an sich wirtschaftlich gerechtfertigten Einstellung des Betriebes der Pöstlingbergbahn nicht entschließen, da sie zweifellos eine bedeutende Rolle im Fremdenverkehr von Linz spielt, und außerdem zur Beförderung der zahlreichen Bewohner des Pöstlingberges und für den Ausflugsverkehr geradezu unentbehrlich ist."

Die fortwährenden Preissteigerungen, die Erhöhung der Löhne und Gehälter, die Kosten für Betriebsmaterial und Stromerzeugung bedingten eine ständige Anhebung der Fahrpreise, sodass fast monatlich die Tarife hinaufgesetzt werden mussten – die Folge war eine Abnahme des Verkehres um nahezu 50 %! Damals verlagerten sich die Aktivitäten der TEG eindeutig hin zur Stromversorgung, was man 1923 mit einem neuen Firmen-

became the panorama terrace with its magnificent view of the city and surrounding countryside; and from 6 August 1906, the upper floor of tower II accommodated the 'Grottenbahn', a small electrically driven 'dragon train', an idea conceived by the then TEG Director Franz Scheinig. This train carried up to 33 passengers on its round trip through a grotto-like scenery, decorated with rocks, mirrors and characters from fairy tales, all illuminated with colourful light bulbs, a real sensation at that time. The last round, however, was done in complete darkness - just a single light sign was on, saying 'Küssen verboten' [No kissing!].

The outbreak of World War I led to an unexpected increase in ridership, which soon had negative consequences, as the annual report mentions: 'As many of our staff have been recruited, it has become extremely difficult to deliver the required service. Of the 390 employees we had in August 1914, 194 are currently serving in the army. With no male replacements to be found, women have been hired to work both in our offices and in train operation. By the end of December 1915, our staff included 25 women in the offices, 11 working as drivers, 69 as conductors, and 9 doing auxiliary tasks.'

_ The Pöstlingbergbahn in Times of Crisis: the First Republic and World War II

After the War ended in 1918, deprivation and despair came over Upper Austria, the former crown land of the Austro-Hungarian Empire, which had now become one of the federal states of the First Austrian Republic. The pessimism of those years was reflected in the TEG's annual reports, and the Pöstlingbergbahn was, of course, also affected by the general crisis: 'In 1920, the operation of the Pöstlingbergbahn was only maintained thanks to significant subsidies, while the costs of tramway operation were covered by the generated revenue. Though economically recommendable, we did not suspend service on the Pöstlingbergbahn because we know the importance the railway has not only for tourism, but also for the residents on the Pöstlingberg.

The incessant price increases, the rising wages and salaries, and the growing costs of materials and electricity

Triebwagen IV verlässt die Talstation, am Trittbrett stehend verkaufte der Schaffner Fahrscheine. (Foto: G. Hofmann)
While motor car IV leaves the lower terminus, the conductor sells tickets standing on the boarding side platform.

Links und rechts: Kurz nach Verlassen der Talstation wird die Hagenstraße gequert.
Left and right: Shortly after leaving the lower terminus the trains cross Hagenstraße.

wortlaut zum Ausdruck brachte. Der Betrieb nannte sich fortan „Elektrizitäts- und Straßenbahn-Gesellschaft Linz“, die damals eingeführte Abkürzung „ESG“ hat sich bis zur Gründung der „Linz AG“ im Jahr 2000 gehalten und ist zum Markenzeichen für eines der bekanntesten Linzer Unternehmen geworden.

Nur sehr langsam konnte man wieder an Investitionen denken. 1926 wurde die Ausweiche Schableder um 15 m verlängert, sodass die Kreuzung zweier Drei-Wagen-Gruppen möglich war, die Anzahl der in einer Stunde zu befördernden Personen stieg von 312 auf 390.

Weiterhin blieb die Erwartung eines Frequenzanstieges unerfüllt, aber man gab nicht auf. 1931 wurde die Haltestelle „Hoher Damm“ eröffnet und tarifarische Maßnahmen sollten den Linzern eine Fahrt mit der Bergbahn schmackhaft machen. 1934 heißt es: „So wurden die bisher nur für die Wintermonate geltenden Ermäßigungssätze für Hin- und Rückfahrt auch im Sommer beibehalten und außerdem für die Sommermonate eine stark verbilligte Abendkarte zu 1 Schilling geschaffen, die es der arbeitenden Bevölkerung ermöglicht, nach Geschäftsschluss von einem beliebigen Punkte des Stadtgebietes aus den Pöstlingberg zu erreichen.“

Die in die Jahre gekommene Grottenbahn erhielt 1936 eine neue Sehenswürdigkeit. Im Untergeschoss des Turmes wurde auf Leinwandkulissen der Linzer Hauptplatz aus der Zeit des Spätmittelalters abgebildet. In den „Gassen“ dieser Darstellung waren Märchendioramen mit zahlreichen ausgestopften Tieren zu sehen.

1938 wurde Österreich Teil des „Deutschen Reiches“, Linz sollte zur „Führerstadt“ werden. Durch die Ansiedlung von Großindustrie stieg die Bevölkerung sprunghaft von 110 000 Einwohnern auf 180 000 bis Kriegsende. Natürlich fand diese Entwicklung auch bei der Bergbahn ihren Niederschlag. Bis dahin unerreichte Frequenzziffern konnten in den Geschäftsberichten gemeldet werden. Das absolute Rekordjahr in dieser Hinsicht war 1943 mit 1.264.094 beförderten Personen! In jenem Jahr erhielt die Pöstlingbergkirche einen Tarnanstrich und Flugabwehrkanonen (FLAK) wurden auf dem Berg und an seinen Abhängen in Stellung gebracht. Im Jahr darauf setzten die Fliegerangriffe auf Linz ein, welche der Bergbahn allerdings nur geringfügige Beschädigungen zufügten. Schlimmer erwischte es die Grottenbahn, die am 8. Jänner 1945 durch eine

led to a constant increase in fares, almost on a monthly basis – with the negative effect of a decrease in passenger figures of nearly 50 %! The TEG started focussing its activities more and more on electric power supply, which was also reflected in the company's renaming in 1923 to the 'Elektrizitäts- und Straßenbahn-Gesellschaft Linz' – its abbreviation 'ESG' remained synonymous for one of the city's best-known companies until 'Linz AG' was founded in the year 2000.

Little by little, major improvements were feasible. In 1926, the passing loop at Schableder was extended to 15 m to enable two convoys of three vehicles to cross, increasing the hourly capacity from 312 to 390 passengers.

Although passenger figures remained below expectations, this was no reason to give up. In 1931, a new stop was opened at 'Hoher Damm', and the fare system was changed in the hope of attracting more riders. A note in 1934 said: 'The reduced fare for a return trip, which had so far only been available during the winter months, is now also sold during the summer; and a new evening ticket for just 1 schilling has been introduced, which during the summer allows working people to reach the Pöstlingberg from any point in the city after the shops have closed.'

The aging Grottenbahn was enhanced with a new attraction in 1936: on the lower level of the tower, the city's main square was illustrated on canvas as it looked in medieval times. The alleyways leading away from the main square on this presentation were filled with fairy tale dioramas showing stuffed animals.

In 1938, Austria became part of the German Reich, and Linz was planned to be rebuilt into a 'Führerstadt', one of five cities so privileged by Hitler. The subsequent industrial expansion led to an increase in population from 110,000 to

An einem tief verschneiten Wintertag (28.12.1987) passiert der Triebwagen XII die damals Hotel Restauration genannte Haltestelle.
After a heavy snowfall on 28 Dec 1987, motor car no. XII passes the stop then called Hotel Restauration.

Bergbahn-Fahrzeugparade vor der Wagenhalle (7.3.2008)
Parade of Pöstlingbergbahn vehicles in front of the depot (7 March 2008)

Bombe zerstört wurde. In den beiden letzten Kriegsjahren war die Kuppe des Pöstlingberges militärisches Sperrgebiet und durfte nur von befugten Personen betreten werden.

Am 5. Mai 1945 erreichten vormittags die ersten amerikanischen Panzer den Linzer Hauptplatz – der Krieg war für die Stadt an der Donau zu Ende. Die Pöstlingbergbahn blieb von diesem Tag bis zum 15. Mai eingestellt, an dem sie als erste Linzer Verkehrslinie wieder den Betrieb aufnahm.

_ Ein Jubiläum als Neubeginn – Die Pöstlingbergbahn ab 1945

Ende Juli 1945 rückten die US-Streitkräfte aus dem Mühlviertel ab, das wie Urfahr und der Pöstlingberg fortan zur russischen Besatzungszone gehören sollte. Die Donau wurde zur Demarkationslinie und an den Brückenköpfen gab es intensive Kontrollen wie an einer Staatsgrenze. So lag der Pöstlingberg für die Linzer plötzlich „im Ausland", und war nur mit einem entsprechenden „Passierschein" erreichbar. Trotz dieser Erschwernisse verzeichnete die Bergbahn 1946-1948 jährliche Frequenzen jenseits der Millionengrenze!

1948 beging die ESG in schwerer Zeit, die aber von unbeugsamem Aufbauwillen gekennzeichnet war, das 50-Jahr-Jubiläum der Bergbahn. Der damalige Generaldirektor, Dipl.-Ing. Josef Mayrhofer führte aus: „Fünfzig Jahre Pöstlingbergbahn! Es gab an ihrem Gedenktag keine rauschende Festlichkeit, es ging ihr wie jedem heutigen Fünfziger, kein Gedanke an Ausruhen, ein flüchtiges Besinnen nur in Dankbarkeit auf ihre Schöpfer, ein wenig Stolz ob der erfüllten Pflicht, und es ging weiter. Weiter aber heißt bei ihr: Wieder aufwärts!"

Aufwärts ging es vor allem durch die Erneuerung des Wagenparks mit Neubauten und Aufarbeitungen in der ESG-Werkstätte. Ein besonderes Geburtstagsgeschenk konnte die ESG den Linzern machen: Die zerstörte Grottenbahn wurde am 1. Mai 1948 wiedereröffnet. Die Bildhauerin Friederike Renate Stolz hatte zunächst das Obergeschoss des Turmes völlig neu gestaltet. In den Nischen neben dem Rundkurs waren nunmehr Szenen aus dem Reich der Zwerge, in widerstandsfähiger Keramik geschaffen, zu sehen. Seit damals werden bei der ersten Fahrtrunde die Bilder links erleuchtet, es folgen die Bilder rechts und während einer dritten Abschiedsrunde erstrahlen unzählige bunte Glühbirnen. Im Untergeschoss wurde der Linzer Hauptplatz in Miniaturausführung aufgemauert und in den Seitengassen warten Darstellungen aus der Welt der Hausmärchen auf große und kleine Besucher. Das Untergeschoss konnte 1949 wieder zugänglich gemacht werden.

Auch das Pöstlingberg-Hotel wurde instand gesetzt und modernisiert, ab 1954 konnte man dort sogar fernsehen - in ganz

180,000 by the end of World War II. This evolution was also reflected in the unprecedented ridership figures registered by the Pöstlingbergbahn. With 1,264,094 passengers, a record was achieved in the year 1943. In that year, the Pöstlingberg basilica received a coat of camouflage paint, and anti-aircraft weapons were installed on the mountain and along its slopes. Air raids on Linz began the following year, but they did not damage the Pöstlingbergbahn severely. The Grottenbahn, however, was destroyed by a bomb on 8 January 1945. For the last two years of the War, the top of the Pöstlingberg was a military zone which only authorised people were allowed to enter.

In the morning of 5 May 1945, the first American tanks reached the city's main square - which for Linz meant the war was over. The Pöstlingbergbahn remained closed until 15 May, when it became the first line in Linz to resume regular service.

_ *A New Start in the Jubilee Year – the Pöstlingbergbahn after 1945*

At the end of July 1945, the American troops withdrew from the Mühlviertel, the region north of the Danube River, which together with Urfahr and the Pöstlingbergbahn would then become part of the Russian occupation zone. The Danube River represented a new borderline, and exhaustive inspections were carried out at both ends of the bridge. Suddenly the Pöstlingberg seemed to lie 'abroad', and for the people of Linz it was only accessible with the corresponding permit. Despite these difficulties, in the years 1946-48 the Pöstlingbergbahn reached annual ridership figures of over 1 million.

In 1948, in hard times which were nevertheless characterised by a strong will to rebuild the country, the ESG celebrated the Pöstlingbergbahn's 50th anniversary. Josef Mayrhofer, the company's director, said: '50 years of the Pöstlingbergbahn! Like anybody else who has just reached 50 – there is no time for a big party, no time to relax; just a quick thought back in thankfulness to its creator, a bit of pride for having done a good job, before we carry on. And carrying on definitely means, going upwards!'

The upward direction was visible in the renewal of the rolling stock, with new vehicles being built and older cars refurbished in the ESG workshops. And there was the special birthday present the ESG had prepared for Linz: the destroyed Grottenbahn was re-opened on 1 May 1948. The sculptor Friederike Renate Stolz had used resistant ceramic to redecorate the upper level of the tower with scenes from the world of dwarves; ever since then, riders of the 'dragon train' have seen the left side illuminated on their first round trip, the right side on the second, and finally on the third and last round, countless colourful bulbs lighting up. On the lower level, which was re-opened in 1949, the city's main square was rebuilt in miniature, with fairy tale scenes shown in the adjacent alleys.

The Pöstlingberg Hotel was also rebuilt and modernised, and in 1954 it became one of only approximately 100 places in Austria where people could watch television; and the ESG's gardening department made an effort to present the mountain top as nicer than ever before. With the controls on the Nibelungen Bridge having finally been abolished in June 1953, ridership on the Pöstlingbergbahn grew by some 30 % and reached 1,124,477 passengers in 1954.

The increase in car ownership during the 1960s led to the Pöstlingberg becoming a less attractive day trip destination as more and more people were now easily able to reach new and more remote places. Visitors from outside came by coach, had a look at the basilica, enjoyed the view of the city and then left again. Ridership figures on the Pöstlingbergbahn began

Am 16.8.2008 verlässt der Triebwagen XIV die im Turm IV der Maximilianischen Befestung gelegene Bergstation.
On 16 August 2008, motor car no. XIV leaves the upper terminus located inside tower IV of the Maximilian Fortification.

Österreich gab es zu diesem Zeitpunkt keine 100 Fernsehapparate! Natürlich blieb die ESG-Gärtnerei nicht untätig, der Berg sollte sich schöner denn je den Besuchern präsentieren. Die im Juni 1953 verfügte Aufhebung der Zonenkontrolle auf der Nibelungenbrücke brachte eine Frequenzzunahme von rund 30 % und 1954 benützten 1.124.477 Fahrgäste die Bergbahn.

Die einsetzende Motorisierung in den 1960-er Jahren rückte den Pöstlingberg als Ausflugsziel in den Hintergrund. Wer sich ein Auto leisten konnte, und das waren immer mehr Menschen in der Stadt, gelangte nunmehr mühelos zu weiter entfernten, neuen Zielen. Die fremden Besucher kamen verstärkt mit Autobussen, verweilten kurz in der Kirche und reisten nach einem Blick auf Linz wieder ab. Für die Bergbahn bedeutete dies einen ständigen Frequenzrückgang, der nur durch die fortschreitende Besiedlung des Berges und die zu leistenden Fahrten für Einheimische gemildert wurde. Für die ESG und ihren Eigentümer, die Stadtgemeinde, war es aber weiterhin noble Pflicht, die Bahn als Wahrzeichen von Linz zu erhalten und zu betreiben. Mit Bescheid des Verkehrsministeriums vom 13. März 1968 wurde die Konzession auf weitere 30 Jahre verlängert. Die Bahnanlagen wurden ab 1980 einer umfassenden Erneuerung unterzogen, aber auch Schritte hin zu einer rationelleren Verkehrsabwicklung waren zu setzen.

1987 begannen die Vorarbeiten für die Umstellung der Bergbahn auf Ein-Mann-Betrieb. Während „im Tal" die Linien der ESG längst „schaffnerlos" unterwegs waren, mussten wegen fehlender technischer Voraussetzungen die Pöstlingberg-Triebwagen nach wie vor begleitet werden. Am 26. September 1988 wurde die neue Haltestelle „Tiergarten" eröffnet, welche den Besuchern des Linzer Zoos auf der Windflach, aber auch den Bewohnern der oberen Merkursiedlung dient. Wenig später, am 3. Oktober 1988, nahm die ESG den schaffnerlosen Betrieb

to fall drastically, and this was not compensated enough by new homes being built on the mountain. But for the ESG and its owner, the city of Linz, it was a noble duty to maintain and operate the railway as one of the city's landmarks. On 13 March 1968, the concession was extended by another 30 years. From 1980 onwards, the railway infrastructure was modernised, but the first steps towards a more efficient operation also had to be taken.

In 1987, when the urban tram lines had long been operating without conductors, preparations for one-man operation on the Pöstlingbergbahn began. On 26 September 1988, a new stop was added at Tiergarten which allows visitors to reach the Linz Zoo, but also serves the residents of the upper Merkursiedlung. Shortly after, on 3 October 1988, the Pöstlingbergbahn started operating without conductors, tickets being available from machines at stops; the ticket window in the lower terminus remained open at certain hours. The switch points were now equipped with electric devices which the train drivers could activate with key switches.

The next step was to extend the popular 'share-a-taxi' system to Urfahr and the Pöstlingberg. Since 1989, passengers have had the option of boarding a previously ordered taxi at certain stations after the end of regular service – in the case of the Pöstlingbergbahn after 20:00 – and being carried to their doorstep for a relatively low fare.

For the city's 500th anniversary in 1990, the waiting sheds at the Pöstlingbergbahn stops were refurbished, and matching lamps were installed to stress the line's vintage character. The waiting room in the lower terminus has since accommodated an exhibition on the history of the railway.

Up on the mountain, the Grottenbahn was enhanced with an entrance area reminiscent of a fairy tale castle. Other

Triebwagen II erreicht am 6. Juni 1998 die Haltestelle Merkursiedlung (heute Hagen).
Motor car no. II arriving at the Merkursiedlung stop (now Hagen) on 6 June 1998.

auf, Fahrkarten sind seither bei Automaten an den Haltestellen erhältlich, nur die Kassa im Bergbahnhof blieb zeitweise besetzt. Die Weichen erhielten elektrische Stellvorrichtungen, welche von den Wagenführern mit Schlüsselschaltern umgestellt werden konnten.

Ein nächster Schritt war die Ausweitung des im Stadtgebiet schon bewährten „Anruf-Sammeltaxi-Systems" (AST) auf Urfahr und den Pöstlingberg. Seit 1989 haben die Fahrgäste während der Betriebsruhe – bei unserer Bergbahn ab 20 Uhr – die Möglichkeit, an bestimmten Haltestellen in ein vorbestelltes Taxi einzusteigen. Zum Vorteil der Benutzer wird ein besonders günstiger Tarif und die Fahrt bis „vor die Haustüre" geboten. Anlässlich des Linzer 500-Jahre-Stadt-Jubiläums dachte man 1990 auch an die Pöstlingbergbahn: die Haltestellenhäuschen wurden stilvoll renoviert und erhielten passende Beleuchtungskörper, welche die Bedeutung der Strecke als „Nostalgiebahn" unterstreichen sollten. Im Warteraum der Talstation verkürzten seither Schautafeln über die Geschichte der Bahn die Wartezeit.

Auf dem Berg selbst gab es Aktivitäten in der Grottenbahn. Der Eingangsbereich dieser beliebten Attraktion erhielt einen Zubau, der an eine Märchenburg erinnert. Ein Souvenir-Shop und ein Raum für private Veranstaltungen bilden neue Anziehungspunkte. Bedeutende Frequenzzuwächse für die Bergbahn brachte ab 1995 der überaus erfolgreiche „Advent am Berg". Zwischen Eingangsturm und Grottenbahn sind am zweiten Adventwochenende die vorweihnachtlichen Stände aufgestellt. Die Grottenbahn ist ebenfalls geöffnet und am „Hauptplatz" gibt es dann „echte" Marktfrauen zu sehen, die allerlei Kunsthandwerk und Spielzeug anbieten.

Seit 1995 befinden sich die alten ESG-Liegenschaften auf dem Berg im Besitz der Stadt Linz. Dazu gehört auch das Hotel, wel-

attractions include a souvenir shop and facilities for private celebrations. Significant ridership was generated by the 'Advent on the mountain', a Christmas market held since 1995 on the second Advent weekend, when the Grottenbahn is also open.

Sonderbriefmarke mit Sonderpoststempel zum 100. Geburtstag
Special stamp and postmark issued for the railway's 100th anniversary

Zum 100-jährigen Jubiläum herrschte Hochbetrieb, in der Ausweiche Schableder kreuzen sechs Triebwagen.
Rush hour during the celebration of the Pöstlingbergbahn's 100th anniversary, with a total of six motor cars meeting at the Schableder passing loop.

ches prächtig revitalisiert wurde und als „Pöstlingberg-Schlössl" beworben, nach achtjährigem Dornröschen-Schlaf wieder neue gastronomische Akzente am Linzer Hausberg setzte (1997).

1998 war für den Pöstlingberg ein besonderes Jubeljahr mit mehreren „runden" Geburtstagen: 250 Jahre Kirchweih, 150 Jahre Maximilianische Befestigung, 100 Jahre Bergbahn und Hotel-Restauration, sowie 50 Jahre Wiedereröffnung der Grottenbahn. Straßenbahnfreunde, Besucher und Einheimische aus der Stadt konnten die Festveranstaltungen miterleben und dem Linzer Wahrzeichen die Referenz erweisen. Zum hundertsten Geburtstag wurde die Konzession für die Strecke neuerlich bis 2028 verlängert.

Von 5. bis 7. Juni 1998 dauerten die Festveranstaltungen für die „steilste Geschichte der Stadt". Ein breites Rahmenprogramm bot viel Interessantes: Eine Ausstellung in der Wagenhalle veranschaulichte technische Ausrüstungsgegenstände der Fahrzeuge. In der Bergstation war die Ausstellung „Die Bergbahn und der Pöstlingberg in alten Ansichten" zu betrachten. Ein weiterer Anziehungspunkt war das Sonderpostamt im Turm I, eine eigens aufgelegte Sonderbriefmarke „100 Jahre Pöstlingbergbahn" fand weite Verbreitung. Viele Festgäste nützten die Freifahrt und bescherten der Pöstlingbergbahn Hochbetrieb. Im 10-Minuten-Intervall kamen Zuggruppen mit je drei Triebwagen zum Einsatz. Als Zubringer zum Fest verkehrten zwischen Auwiesen und dem Bergbahnhof sowie auf der Linie 3 Nostalgiefahrzeuge.

Ein kulturelles Rahmenprogramm auf dem Berg dauerte noch bis Ende Juli und rückte das Linzer Wahrzeichen so recht in das Bewusstsein der Stadtbewohner und ihrer Gäste. Dass 10 Jahre später zum nächsten runden Geburtstag die Bahn eingestellt sein und zum „111-er" sich völlig neu zurückmelden würde, konnte damals noch niemand ahnen...

Since 1995, the old ESG estates on the mountain have been the property of the city of Linz. Among these is the hotel, which was refurbished and, after an 8-year closure, re-opened as the 'Pöstlingberg-Schlössl' in 1997.

1998 was a special year for the Pöstlingberg with several anniversaries: 250 years since the consecration of the basilica; 150 years of the Maximilian fortifications, 100 years of the Pöstlingbergbahn (with its concession being extended until 2028 that day) and the Pöstlingberg Hotel; and 50 years since the re-opening of the Grottenbahn. Many tramway enthusiasts, visitors and locals participated in the various events held between 5 and 7 June 1998 to celebrate these anniversaries: an exhibition of technical equipment in the depot; an exhibition inside the upper terminus titled 'The mountain railway and the Pöstlingberg on old photographs'; and a temporary post office in tower I to sell a special stamp issued on this occasion. Many visitors enjoyed a ride on the Pöstlingbergbahn, which was free for those three days: every ten minutes, a convoy of three vehicles reached the mountain top; additionally, vintage trams were in service between Auwiesen and Bergbahnhof.

Other activities continued until the end of July, all helping to bring the Pöstlingbergbahn back into the consciousness of both the people of Linz and the city's visitors. At that time, however, no one knew that 10 years later the line would be closed down completely to be resurrected on its 111th anniversary ....

Im Zuge der Revitalisierung wurde die Haltestellen-Infrastruktur (im Bild Schableder) barrierefrei gestaltet, mit neuem Fahrscheinautomaten versehen, und die Wartehäuschen und die historischen Haltestellenschilder restauriert.
The upgrading process included the construction of raised platforms to provide full accessibility, the installation of ticket vending machines, and the restoration of the waiting sheds and station signs (here at Schableder).

Revitalisierung der Pöstlingbergbahn

_ Ein Brückenschlag zwischen Tradition und Innovation
Wenige technische Einrichtungen, die dem Alltagsgebrauch dienen, können über Jahrzehnte in ihrer Ursprungsausführung erhalten und betrieben werden. Oft sind es versäumte Gelegenheiten der Modernisierung, die dazu führen, dass ein Verkehrsmittel zwar in seiner Originalität überlebt, aufgrund massiver Investitions- und/oder Erhaltungsrückstände aber schließlich aufgegeben werden muss. Dass die Pöstlingbergbahn in ihrer Gesamtheit annähernd in der Ursprungsausführung erhalten blieb und von Alt und Jung als ein Wahrzeichen der Landeshauptstadt empfunden wird, ist weniger auf diesbezügliche Beschlüsse, sondern vielmehr auf die stets angespannte Finanzlage des städtischen Verkehrsbetriebes zurückzuführen. Dennoch ermöglichte eine behutsame, nach außen kaum sichtbare kontinuierliche Erneuerung die stete Einhaltung der technischen und sicherheitsrelevanten Standards. Diese konsequente, dadurch aber auch kostspielige Pflege der Fahrzeuge und der Strecke gewährleistete bis zuletzt ein Erscheinungsbild der Bahn, das im internationalen Vergleich jedenfalls einzigartig war.

Der Pöstlingberg mit der berühmten Wallfahrtsbasilika und die Fremdenverkehrsattraktion Grottenbahn blieb in all den Jahren ein beliebtes Ausflugsziel. Bei der Bergbahn zwangen stagnierende Fahrgastzahlen und Handlungsbedarf bei der Sicherheit nach einigen Vorfällen zu Veränderungen. Die Fahrgäste verteilten sich im Jahr 2001 auf die einzelnen Nutzergruppen wie folgt: Schülerfreifahrt 192.240, Zeitkarten 49.200, Sonstige 193.734, Gesamt 435.174 Fahrgäste. Allein wegen des großen finanziellen Defizits, welches bis zu 1,3 Millionen Euro im Jahr betrug, überlegte die Linz AG bereits seit 1990

The Upgrading of the Pöstlingbergbahn

_ Combining Tradition and Innovation
Technical equipment can rarely be maintained and operated in its original form over several decades, especially if it is in everyday service. In the case of transport systems, a lack of regular modernisation on the one hand may help to preserve a line in the way it was built, but on the other hand, a lack of investment may eventually lead to its complete closure. The fact that the Pöstlingbergbahn has survived in almost its original form and is seen by everyone as one of the city's landmarks is not the result of a political decision taken at some point, but rather a consequence of the constant shortage of funding. Nonetheless, a continuous and very cautious, though rather invisible, renewal has always guaranteed the required technical standards and safety. With both the vehicles and the route having received regular maintenance, the Pöstlingbergbahn has always been able to live up to its international reputation.

Through all these years, the Pöstlingberg with its basilica and Grottenbahn has been a popular day trip destination. Stagnating ridership figures as well as safety issues, however, eventually forced the authorities to take some action on the Pöstlingbergbahn. In 2001, from a total of 435,174 passengers, 192,240 were students who travelled for free, 49,200 had season tickets, and 193,734 used other tickets. Facing an enormous deficit which reached up to 1.3 million euros a year, Linz AG had to consider various options, ranging from the closure of the line and its replacement by buses, to a service limited to the summer months, and to the privatisation of the line. Thanks to its popularity, however, a complete

Großer Andrang herrschte in den letzten Wochen vor dem Beginn der Bauarbeiten: Blick in die Bergstation am 9.3.2008.
Many people came to take a ride during the last weeks of service, as this view of the upper terminus on 9 March 2008 shows.

verschiedene Szenarien, welche von der Einstellung mit Busersatzverkehr über reinen Sommerbetrieb bis hin zu einer Auslagerung an einen anderen Betreiber reichten. Eine Einstellung der Pöstlingbergbahn kam jedoch nicht in Betracht, sie wäre angesichts der Beliebtheit der Bahn nicht zu verantworten gewesen. Ein Weiterbetrieb mit rein museal orientierter Betriebsführung hätte wegen der saisonal ausgerichteten Betriebszeiten die Transportfunktion für die Bewohner des Pöstlingberges verloren, zudem mit Struktur- und Kapazitätsschwierigkeiten zu kämpfen. Unbestritten ist, dass die Nostalgiekomponente ein starkes Alleinstellungsmerkmal der Bergbahn ausmacht. Erfahrungen anderer Bahnen zeigen aber, dass dabei in erster Linie die Optionsnachfrage eine Rolle spielt: Die Kunden legen zwar Wert darauf, dass Nostalgiefahrten weiterhin möglich und für jedermann erlebbar bleiben, zeigen aber Verständnis, dass der Normalbetrieb nicht um jeden Preis in der alten Betriebsform geführt werden kann. Mit 7,2 % Anteil am Defizit der Linz Linien bei einem Anteil von 0,6 % an der Beförderungsleistung lag es nahe, zusätzlich zu den von den Linz Linien bereits getroffenen und durchaus erfolgreichen Maßnahmen zur Kostensenkung eine weiter reichende Reorganisation zu untersuchen. Eine im Jahre 2002 von Dipl-Ing. Otfried Knoll (NÖVOG-Geschäftsführer) erstellte Studie beleuchtete den IST-Zustand, stellte einen Vergleich mit ähnlichen Bergbahnen in Europa her, und schlug neben einer Vielzahl von Attraktivierungsmaßnahmen als Möglichkeit zur Verbesserung der Gesamtsituation die Verlängerung der Bergbahn zum Hauptplatz sowie einen Mischbetrieb mit alten und neuen Triebwagen vor. Besonders die Weiterführung der Pöstlingbergbahn in das Stadtzentrum und damit die Integration in das Straßenbahnnetz erkannte man als geniale Idee zur Stärkung der Marktposition und entschloss sich zu deren Realisierung. Mit der Revitalisierung sollte es gelingen, den Erhalt der Bergbahn zu sichern, die Attraktivität zu steigern, mehr Fahrgäste zu gewinnen und dennoch den eigenständigen Charakter zu erhalten.

Die Ausgangslage, die zum Entschluss für eine grundlegende Erneuerung führte, war zum Teil bedrohlich. Sinkende Fahrgastzahlen waren nach Angaben der Linz Linien darauf zurückzuführen, dass sich die Werbeaktivitäten des Linzer Tourismusverbandes auf die Innenstadt konzentrierten.
Die Einführung des Bummelzuges „City-Express" als neue Attraktion der Innenstadt lenkte potentielle Kundenströme von der Pöstlingbergbahn ab. Trotz gestiegener Bewohnerzahlen waren die Fahrgastzahlen auch von Bewohnerseite rückläufig, da Ziele in der Stadt nur mit ein- oder mehrmaligem Umsteigen erreichbar waren. Wegen der versteckten Lage der Talstation und wegen fehlender Parkmöglichkeiten konnte die Bergbahn am steigenden Städtetourismus nicht teilhaben. Dazu kam, dass die Straße auf den Pöstlingberg ausgebaut worden war und am Pöstlingberg selbst eine große Zahl neuer Parkplätze geschaffen wurde. Die Kapazität der Wagen und vor allem deren Fahrgeschwindigkeit war begrenzt, eine Zugbildung nicht möglich, die Personalkosten waren dadurch entsprechend hoch. Bei Sondereinsätzen und bestellten Wagen musste für jeden Wagen, somit für die halbe Kapazität eines Autobusses, jeweils ein Fahrer, bei den offenen Wagen ein Fahrer und ein Beimann bereitgestellt werden. In dieser Betriebsform konnten die Systemvorteile des Schienenbetriebes – im Gegensatz zur konventionellen Straßenbahn – nicht ausgenützt werden. Teuer erwies sich zudem im Sanierungsfall der vorhandene Gleiskörper mit Keilkopfschienen, sowie vor allem im Winterbetrieb Wartung und Reparatur der aufwändigen Weichenkonstruktio-

closure was soon ruled out, but a limited vintage service during the summer season would have deprived the local population of their all-year rail transport service, while capacity constraints, high costs and organisational difficulties would have been inevitable during special events.

There is no doubt that the heritage factor is a big plus for the Pöstlingbergbahn. Passengers appreciate that a nostalgic experience is still provided, but at the same time they understand that an everyday service cannot be maintained in the old form. With a 7.2 % share in the transport operator's deficit for a service that corresponds to only 0.6 %, Linz Linien had to examine other measures to reduce costs and restructure the service on the Pöstlingbergbahn. A study carried out by Dipl-Ing. Otfried Knoll (Managing Director of NÖVOG) in 2002 illustrated the current situation, compared the Pöstlingbergbahn to similar railways in Europe, and finally proposed, among many other measures, the extension of the line to the city's main square, as well as a mixed service with new and old vehicles. The idea of extending the line into the city centre and thus integrating it into the existing tram network was especially welcomed. The revitalisation of the line was to guarantee the railway's future and attract more passengers, while the special character of the line was to be preserved.

At the time, the Pöstlingbergbahn's situation looked rather frightening. According to Linz Linien, the falling ridership figures were due to the fact that the city's tourist promotion was concentrated on the city centre, and potential customers were invited to take a ride on the 'City-Express', a fun train through the heart of the city. Despite the rising

Die stirnseitigen Gepäcksträger dienten zum Transport von Fahrrädern, Kinderwagen und Wintersportgeräten.
A luggage rack was available on the car front to transport bicycles, prams and skiing gear.

nen. Wenig ermutigend war auch die Situation bei den Fahrzeugen. Die Wagenkästen wurden einst aus Holz hergestellt und außen verblecht. Dieser verblechte Holzaufbau neigte durch Staunässe zu Fäulnis, wodurch der ständige Sanierungsaufwand der alten Fahrzeuge das übliche Maß weit überstieg. Auch die Motoren waren anfällig, es fielen jährlich 3 bis 4 Reparaturen an. Die Sicherheitssysteme und die Zangenbremsen waren veraltet und technisch nicht mehr zeitgemäß. Das Rollmaterial der Pöstlingbergbahn war trotz intensiver Unterhaltsarbeit nur mehr eingeschränkt funktionstüchtig und konnte den gestiegenen Anforderungen im Betrieb nicht mehr dauerhaft entsprechen. Gemäß §19 Eisenbahngesetz ist ein Eisenbahnunternehmen verpflichtet, eine Eisenbahn unter Berücksichtigung der Sicherheit zu erhalten, zu ergänzen und nach Maßgabe der Rechtsvorschriften zu betreiben. Ein Vorfall (abgleitender Wagen infolge Schneepressung) im Februar 2005 zeigte, dass die bisher verwendeten Sicherheitseinrichtungen (Zangenbremse) nicht in allen Fällen ausreichen. Um künftig derartige Ereignisse verhindern zu können, war es erforderlich die Zangenbremse durch eine Magnetschienenbremse zu ersetzen. Bei rechnerischer Überprüfung zeigte sich, dass der Einsatz einer Magnetschienenbremse bei den Keilkopfschienen und den gegebenen Einbaumöglichkeiten in den Altfahrzeugen nicht möglich war. Zur Aufnahme der erforderlichen Bremseinrichtungen waren daher neue Fahrgestelle und schwerere Schienen erforderlich. Eine Generalsanierung von Fahrweg und Fahrzeugen schien unumgänglich.

Dies bedeutete die Verpflichtung gemäß dem Bundes-Behindertengleichstellungsgesetz 2006 (BGStG), das bei der Sanierung von Fahrzeugen des öffentlichen Verkehrs eine barrierefreie Gestaltung fordert. Ein behindertengerechter Umbau der Altfahrzeuge zeigte sich als unrealisierbar. Die Verkehrsbetriebe favorisierten zunächst aus Kostengründen die Variante, für die Bergbahn neue Niederflur-Triebwagen zu beschaffen und die Altfahrzeuge in den Ruhestand zu schicken. Diese Absicht erzeugte in der Öffentlichkeit viele Emotionen und zeigte auf, wie wichtig den Linzern diese Traditionseinrichtung ist. Auch das Bundesdenkmalamt (BDA) forderte den Erhalt der Bergbahn im historischen Erscheinungsbild und stellte die

Der mit Schneepflug ausgerüstete Triebwagen XII trotzt am 3.1.2006 dem Wintereinbruch, aufgenommen nächst der Haltestelle Schableder. Wegen der starken Schneefälle musste die Bergbahn am 10.2.2006 für zwei Tage ihren Betrieb einstellen.
Motor car no. XII, equipped with a snowplough, fights against the heavy snowfall on 3 Jan 2006 near the Schableder stop. On 10 Feb 2006, the Pöstlingbergbahn even had to be closed down for two days.

Im letzten Sommerverkehr vor der Modernisierung kam der Triebwagen II noch oft zu Sonderzugehren, wie im Bild vom 10.9.2007 in der Ausweiche Merkursiedlung (Hagen).
During the last summer before upgrading, the open summer car no. II was frequently used on special rides, like on 10 Sept 2007 at the Merkursiedlung (now Hagen) passing loop.

number of residents on the mountain, passenger figures had also fallen among this group of clients; this was due to the fact that most destinations in the city could only be reached with one or more transfers. Besides that, the lower terminus of the line was somewhat hidden and provided no parking facility, so the Pöstlingbergbahn did not get its share of the increasing number of tourists coming to Linz. At the same time, the road up the mountain had been improved and many new parking spaces were available there. The capacity of the old rail vehicles and their speed were rather limited, and as the cars could not be coupled to form proper trains, the costs for the operating staff were rather high. For special services or privately hired journeys, each vehicle, which had only half the number of seats offered by a coach, required a driver, and in the case of the open summer vehicles, a conductor too. Unlike the conventional tramway, this form of operation was not able to take advantage of the 'rail bonus'. Yet another negative aspect was the expensive maintenance of the special rails with their wedge-shaped profile, as well as that of the complex points, especially during the winter months. The state of the vehicles was not encouraging either. Initially, the car bodies were made of wood clad with sheet metal; this kind of cladding led to the rotting of the woodwork due to accumulated dampness, so that these cars had to undergo renewal much more frequently than normal. Their motors were also rather delicate and needed repairs 3-4 times a year, besides which the safety systems and clasp brakes were technically outdated. The Pöstlingbergbahn's rolling stock was thus no longer fully operational and did not meet the requirements of a modern transport system. According to §19 of the Railway Regulations, a railway operator is obliged to guarantee the safety of a line, and if necessary, take the adequate measures to fulfil the requirements defined by the law. An incident in February 2005, when heavy snowfall caused a vehicle to start sliding, showed that the existing safety systems (clasp brakes) were not always sufficient (according to a report presented by Professor Ostermann in March 2006). To prevent such incidents in the future, it would have been necessary to replace

Der Ausflugsverkehr erforderte zuletzt oft den Einsatz von Einschubwagen, aufgenommen am 16.9.2007 nächst der Ausweiche Schableder.
Additional vehicles were often needed to cope with the high demand on nice days, like on 16 Sept 2007 near the Schableder passing loop.

gesamte Pöstlingbergbahn (Anlagen und Triebwagen) per Bescheid vom Februar 2006 unter Denkmalschutz. Mit folgender Begründung: „Die über 100 Jahre alte Bergbahn ist mit einer Steigung von durchwegs 105 ‰ die steilste Adhäsionsbahn Europas und die älteste erhaltene Anlage ihrer Art in Österreich. Jede Veränderung, die den Bestand, die überlieferte Erscheinung oder die Künstlerische Wirkung beeinflussen könnte, bedarf der Bewilligung des BDA". Die Stadt Linz fasste einen Gemeinderatsbeschluss, dass nur Veränderungen an der Bahn vorzunehmen sind, gegen die das Bundesdenkmalamt keine Einwände erhebt. In der Öffentlichkeit gingen die Wogen hoch, monatelang wurde darüber diskutiert, wie die Zukunft der Bahn aussehen soll. An diesem Punkt des Stillstandes wurde seitens der Linz Linien versucht, den schwierigen Kompromiss zwischen den berechtigten Anliegen des Denkmalamtes und den rechtlichen Ansprüchen mobilitätsbeeinträchtigter Fahrgäste zu finden. Rasch war eines klar, die Bahn muss barrierefrei sein, allen aktuellen Sicherheitsstandards entsprechen und das historische Erscheinungsbild bewahren. Und niemand wolle die Einstellung der Bergbahn. Mit diesem Ziel, dass die Bahn weiter fahren muss, wurde ein Kompromiss gefunden. Gestützt auf ein Gutachten der Technischen Universität Wien, welche die Handlungsalternativen untersuchte und die teilweise Erneuerung der Infrastruktur und des Rollmaterials aufgrund folgender Erkenntnisse empfahl:

- Fahrzeuge nur noch eingeschränkt funktionstüchtig
- Sicherheitseinrichtungen (Zangenbremse) nicht in allen Fällen ausreichend
- Bundes-Behindertengleichstellungsgesetz (BGStG) fordert seit 1.1.2006 Bereitstellung „barrierefreier" Anlagen und Fahrzeuge
- Siedlungstätigkeit führt zu verstärkter Verkehrsnachfrage

the clasp brakes with electromagnetic track brakes, but this was not possible with the existing wedge-shaped rails; neither were the old vehicles ready for their installation. Equipping the cars with electromagnetic track brakes would have required a replacement of both the bogies and the rails. The complete modernisation of both the vehicles and the railway infrastructure thus seemed inevitable.

A full upgrade of the line meant that the new system had to be compatible with the Disability Discrimination Act approved in 2006, which requires full accessibility into public transport vehicles. To rebuild the old vehicles to make them fully accessible seemed impossible. The operator therefore favoured the acquisition of new low-floor rolling stock and the complete withdrawal of the old cars, but this plan brought an emotional reaction from the local population, showing the importance this vintage railway had among them. Also, the Austrian Heritage Office demanded that the Pöstlingbergbahn preserve its historical appearance, and declared the complete railway a listed monument in February 2006: 'This mountain railway, over 100 years old, is the steepest adhesion railway in Europe, with a constant gradient of 105 ‰, and the oldest such structure in Austria. Any kind of modification which has an effect on the line's structure, historical appearance or artistic appeal has to be authorised by the Heritage Office'. The city council then took the decision that all changes would be made in consultation with the Heritage Office. For many months, controversial discussions followed about the future of the Pöstlingbergbahn. Linz Linien tried to find a compromise between the requirements defined by the Heritage Office and the legal rights of mobility-impaired passengers. It soon became clear that the new line had to be fully accessible, meet modern safety standards, but

Entwürfe des SCIONIC-Instituts der Kunstuniversität Linz, links im Retro-Look und rechts im Future-Look
Design proposals by the SCIONIC Institute at the University of Arts in Linz, on the left in 'retro look', and on the right in 'future look'

Die sich hieraus ergebenden Veränderungen umfassen:
- Generalsanierung der alten geschlossenen Triebwagen und Ausrüstung mit Magnetschienenbremse statt Zangenbremse
- Beschaffung neuer Niederflurtriebwagen entsprechend dem BGStG
- Adaptierung der Höhe der Bahnsteige samt Zugänge entsprechend dem BGStG
- Erneuerung der Gleisanlagen mit Vignolschienen

Nach vielen intensiven Gesprächen mit allen Beteiligten wurde eine technische Lösung der Problemstellung gefunden. Die Linz Linien stellten daraufhin im März 2006 einen Antrag auf Veränderung der Bahn. Mit Bescheid vom 22. Juni 2006 erteilte das Bundesdenkmalamt den Linz Linien die Bewilligung zum Umbau bzw. zu notwendigen Veränderungen der Pöstlingbergbahn. Die einvernehmliche Abwicklung aller Arbeiten war eine der Vorgaben des Bescheids. Die beantragte Änderung auf „Mischbetrieb auf neuem Fahrweg" stellte sich als einzige Möglichkeit heraus, alle rechtlichen Vorgaben und sicherheitstechnischen Anforderungen in wirtschaftlich vertretbarem Rahmen umzusetzen. Diese Lösung gestattet den Linz Linien eine Gestaltung und Betriebsführung, welche auch die Zustimmung der ÖAR (Österreichische Arbeitsgemeinschaft für Rehabilitation) im Sinne des BGStG fand. Nach dem Erhalt der Bewilligung starteten die Linz Linien mit der Detailplanung und Ausarbeitung der Ausschreibungen.

Konkret sah dies den Umbau der Gleise von Keilkopf- auf Vignolschiene vor, dadurch wird eine Erhöhung der Reibung (höhere Bremswirkung) und der Sicherheit erreicht. Die generelle Trassierung, die überwiegend eingleisige Führung und die charakteristischen Ausweichstellen der Bahn blieben erhalten. Die Erneuerung der Gleise ermöglichte zudem die Änderung der Spurweite von 1000 mm auf 900 mm für die Einbindung in das Straßenbahnnetz und die Verlängerung zum Hauptplatz. Die Gestaltung der Haltestellen blieb weitgehend unverändert, die Bordsteinhöhen waren an die Einstiege der Niederflurfahrzeuge anzupassen und die Zugänge barrierefrei zu adaptieren. Zur Erhöhung der Sicherheit war die Signalregelung an den Kreuzungspunkten mit dem Straßenverkehr an die Straßenbahnverordnung anzupassen. Die alten Stahl- wurden durch Betonschwellen – mit Ausnahme in der historischen Talstation und in der Bergstation – ersetzt. Der wesentliche Eindruck des charakteristischen Schotteroberbaus blieb erhalten.

Drei Fahrzeuge aus dem Fahrzeugbestand der 1950er-Jahre wurden im gesamten Aufbau unverändert belassen und nur im erforderlichen Ausmaß saniert. Dabei wurde der gesamte Unterbau samt Antriebs- und Sicherheitseinrichtungen einschließlich aller Verkabelungen erneuert und die Spurweite von 1000 mm auf 900 mm verringert.

also preserve its historical appearance. Nobody was asking for the complete closure of the line, and the Pöstlingbergbahn had to keep operating. The Technical University in Vienna therefore examined the different options and recommended the partial renewal of the infrastructure and the rolling stock on the basis that:
- *the existing vehicles were no longer fully operational;*
- *the safety systems (clasp brakes) were not always sufficient;*
- *since 1 Jan 2006, the Disability Discrimination Act had required full accessibility;*
- *the construction of new homes would lead to increased ridership;*

with the resulting changes:
- *complete overhaul of the old enclosed cars and the installation of electromagnetic track brakes to replace the clasp brakes;*
- *acquisition of new low-floor rolling stock compliant with the Disability Discrimination Act;*
- *adjustment of the height of the platforms and their accesses to provide full accessibility;*
- *replacement of the track with Vignoles rails.*

After long discussions, a technical solution was found, and so in March 2006 Linz Linien was able to apply for permission to upgrade the Pöstlingbergbahn, which was granted by the Heritage Office on 22 June 2006 on condition that all the required modifications be carried out in consultation with them. 'Mixed operation on new tracks' was the only option that met all the legal and safety-related requirements within an economically justifiable framework. This solution allowed a design and operation which was also accepted by the ÖAR (Austrian Association for Rehabilitation) according to the guidelines of the Disability Discrimination Act. With final permission received, Linz Linien started the detailed planning and prepared the tendering process.

In more concrete terms, the wedge-shaped rails were replaced by typical Vignoles rails, which increase both friction (and thus the braking effect) and safety. The overall alignment, with its predominantly single-track route and several passing loops, remained the same. The rail replacement allowed the system's conversion from 1000 mm to 900 mm gauge, as well as its direct connection to the city's tramway and the line's extension to the Hauptplatz. The stops were mostly left unchanged, except for the platform edges, which had to be raised to match the floor height of the new vehicles, and the accesses, which had to be made stepless. The old steel sleepers were replaced with new concrete sleepers, except for the section within the original termini. The general appearance of the ballast trackbed was preserved.

So hätten die Neufahrzeuge von Fahrzeugtechnik Dessau aussehen sollen (Grafik Döllmann Design).
This is what the new cars from Fahrzeugtechnik Dessau would have looked like.

Ursprünglicher Designentwurf von Bombardier/Valentinitsch Design
Initial design proposal by Bombardier/Valentinitsch Design

Um dem BGStG zu entsprechen und dem Prinzip der Barrierefreiheit zu folgen, war die Neubeschaffung von Niederflur-Fahrzeugen mit einem Fassungsvermögen von jeweils 80 Fahrgästen erforderlich. Ursprünglich sollten die Herstellerfirmen Vorschläge für die Gestaltung im „Retro-Look" und im modernen Design ausarbeiten. Nach der technischen Prüfung der Angebote sollten die Entwürfe einer Jury zur Beurteilung und zur Entscheidung vorgelegt werden. Auf Einladung der Linz Linien erarbeitete das SCIONIC-Institut der Kunstuniversität Linz im Sommersemester 2006 eine Studienarbeit für die Gestaltung der Neufahrzeuge. Die zwei Design-Vorschläge wurden dem BDA zur Beurteilung übermittelt. Die „Retro"-Variante orientierte sich an den alten Triebwagen, die „Future"-Variante sollte passend zum Image der Stadt Moderne signalisieren. Mit Schreiben vom 5. Oktober 2006 empfahl das BDA die Gestaltung der Neufahrzeuge im „Retro-Look". Begründung: „Die über 100 Jahre alte Pöstlingbergbahn wird auch nach den nunmehr bevorstehenden Umbauarbeiten weiterhin keine Hochleistungsbahnstrecke darstellen. Das Umfeld der Bahnlinie soll daher weiterhin den Eindruck des überlieferten Erscheinungsbildes vermitteln, wenn auch aus bestimmten sicherheits- und beförderungstechnischen Gründen Veränderungen notwendig sind".

Die Ausschreibungen für die Sanierung von 3 Alt- und 4 Neufahrzeugen erfolgte 2006. Die Ergebnisse wurden geprüft und bewertet und in gestalterischer Hinsicht vom BDA beurteilt. Der Zuschlag für die Alt- und Neufahrzeuge ging vor allem wegen der deutlich geringeren Kosten an Fahrzeugtechnik Dessau (FTD) und Vossloh-Kiepe (E-Ausrüstung). Nach drei Monaten intensiver Gespräche teilte FTD jedoch mit, dass sie sich grob verkalkuliert habe und aus den Verträgen aussteigt. Die jeweiligen Zweitbieter waren bereit einzusteigen. Bombardier Transportation fertigte die Neufahrzeuge, die höheren Kosten zwangen jedoch die Anzahl von 4 auf 3 Stück zu reduzieren. Die Altfahrzeuge wurden federführend von Vossloh-Kiepe (Arbeitsgemeinschaft mit den Firmen Raility AG und HeiterBlick GmbH) adaptiert und erneuert. Fahrzeuge aus den 1950er-Jahren auf den technischen Standard von heute aufzurüsten ist keine alltägliche Vorgehensweise und führte zu einem Lieferverzug.

Die ersten Vorarbeiten für die Revitalisierung der Pöstlingbergbahn starteten im November 2006. Zur Zustandsuntersuchung und Beurteilung der Gleistrasse wurden im Bereich Hoher Damm Probebohrungen durchgeführt. Im Februar 2007 stimmte der Aufsichtsrat der Linz AG dem Projekt einstimmig zu, die Aufträge konnten erteilt werden. Nach erfolgter Einreichung erging am 30.10.2007 die eisenbahnrechtliche Genehmigung.

Three of the vehicles from the 1950s were largely kept in their original form, with only their lower parts being modified, i.e. the traction and safety equipment, including all cabling, was renewed and the track gauge changed from 1000 mm to 900 mm.

To comply with the Disability Discrimination Act and provide full accessibility, new low-floor vehicles with a total capacity of 80 people were needed. Initially, the tram manufacturers were asked to prepare proposals for a retro look as well as a modern design. The various ideas were then to be presented to a jury. Eventually, Linz Linien invited the students of the SCIONIC Institute at the University of Arts in Linz to work on the design of the new cars during the summer term of 2006. The Heritage Office received two different proposals from them, one with a 'retro look' based on the historical cars, and with a 'future look' representing the modern image of the city. In a reply dated 5 Oct 2006, the Heritage Office recommended the 'retro look' option: 'Despite the ongoing upgrading, the Pöstlingbergbahn will not be a high-speed railway in the future. The railway's environment should therefore preserve the traditional image, even though certain changes may be required to meet safety and operational requirements.'

Still in 2006, tenders for the modernisation of the three old vehicles and the construction of four new vehicles were invited. The offers received were analysed, evaluated and then forwarded to the Heritage Office. Based generally on the price, the contracts for both the old and new cars were awarded to Fahrzeugtechnik Dessau (FTD) and Vossloh-Kiepe (electrical equipment). After three months of further negotiations, FTD admitted errors in their calculations and withdrew from the contract. The respective companies beaten into second place were now ready to jump in. Bombardier Transportation became responsible for the production of the new cars, but due to the higher price per vehicle, the amount was reduced from 4 to 3. The old vehicles were finally rebuilt by a consortium led by Vossloh-Kiepe (including the companies Raility AG and HeiterBlick GmbH). Upgrading vehicles from the 1950s to modern standards is not a daily routine, and therefore took longer than expected.

The first preliminary work on the revitalisation of the Pöstlingbergbahn began in November 2006. To examine and evaluate the status of the existing alignment, test drills were carried out in the area of Hoher Damm. In February 2007, the board of directors of Linz AG approved the definitive project, allowing the contracts to be awarded. The Austrian Railway Inspectorate issued its authorisation on 30 Oct 2007.

Großer Andrang herrschte am letzten Betriebstag in der Talstation. | *Large crowds in the lower terminus on the last day of service*

_ Adieu, historische Pöstlingbergbahn

Zunächst die Diskussion um die Zukunft, später das Ansinnen die Bergbahn noch einmal vor deren Modernisierung zu erleben, ließen die Fahrgastzahlen zuletzt wieder ansteigen. Speziell an Wochenenden waren die Triebwagen wieder prallvoll und der Einsatz von Einschubwagen die Regel. Etliche nutzten auch die letzte Möglichkeit einen Sommertriebwagen zu erleben und buchten eine Sonderfahrt. Dieses besondere (Mit-)Fahrerlebnis ist heute nur noch auf dem kurzen Museumsgleis (oder bei der Straßenbahn Gmunden) möglich.

Am Abend des 24.3.2008 endete nach fast 110 Jahren der Betrieb der Pöstlingbergbahn in herkömmlicher Form. Eine Fahrt mit der steilsten Adhäsionsbahn Europas hat Generation von Menschen begeistert, in besonderer Erinnerung bleiben bestimmt diejenigen mit einem Sommertriebwagen. An den letzten Betriebstagen waren die Linz Linien für den Besucheransturm gut gerüstet. Es waren alle noch vorhandenen sechs geschlossenen Triebwagen (VI, XII, XIV, XV, XVI, und XVIII) einsatzbereit, auch war genügend Personal vor Ort, um das Intervall auf 10 Minuten zu verdichten. Das Interesse war riesig, die Triebwagen waren stets überfüllt. Der größte Ansturm war am letzten Betriebstag zu verzeichnen, als über 3000 (zahlende) Fahrgäste gezählt wurden. Die letzte Fahrt begleiteten noch zahlreiche Enthusiasten, es kamen die Triebwagen XVI (Planfahrzeug), XII und VI zum Einsatz.
In der Bergstation empfing eine Musikkapelle die letzten Fahrtteilnehmer. Gemächlich verlief dann die Talfahrt, kurz nach 21 Uhr wurden die Remisentore geschlossen.

_ *Goodbye to the Historical Pöstlingbergbahn*

The discussion about its future and later the decision on its modernisation attracted many passengers who wanted to experience the original Pöstlingbergbahn one more time. Especially at weekends, the cars were very crowded and extra vehicles were put into service. Many passengers also took the last chance to ride on one of the open vehicles, an adventure now only possible on the short museum track (or on the line of the Gmunden Tramway).

Regular service on the old Pöstlingbergbahn stopped in the evening of 24 March 2008, almost 110 years since it was opened. A ride on Europe's steepest adhesion railway had fascinated many generations, and the journeys taken in the summer cars will especially be remembered. Linz Linien was well-prepared for the large amount of passengers during the last days of operation. All six enclosed vehicles (nos. VI, XII, XIV, XV, XVI and XVIII) were operational, and enough staff was available to provide a 10-minute service, with all cars full to the top. The last day was the busiest, with more than 3000 (paying) passengers. The last ride was accompanied by many enthusiasts, with car no. XVI as the scheduled vehicle followed in a convoy by cars no. XII and VI. At the mountain terminus, a brass band welcomed the last passengers. After a slow return trip downhill, the gates of the depot were permanently closed just after 21:00.

_ Projektablauf

Bereits einen Tag nach der Einstellung begannen die Linz Linien mit der Demontage der Speiseleitung, wofür der Triebwagen XII mitsamt dem Turmwagen Verwendung fand. Anschließend folgte der Abbau der Fahrleitung, beginnend in der Bergstation wurde Stück für Stück abmontiert, dabei rollte der Triebwagen mit dem Turmwagen aus eigener Schwerkraft talwärts. Im April 2008 begann die Abtragung des Gleiskörpers, zunächst mit der Demontage der Zwangsschienen, die zum Teil wieder Verwendung fanden, und der Fahrleitungsmasten. Nach der Entsorgung des Unterbaus begannen die Arbeiten für die Gleisneulage. Bis Mitte Juli 2008 wurden entlang der gesamten Strecke die Mastfundamente betoniert, danach folgte die Aufstellung der neuen Fahrleitungsmasten. Parallel wurde die Wagenhalle im bisherigen Talbahnhof für die neuen Niederflur-Triebwagen adaptiert. Ende Juni 2008 wurden in der Wagenhalle die ersten Schienen in der Spurweite von 900 mm verlegt. Das linke Gleis der Wagenhalle dient zur Abstellung von zwei neuen Triebwagen, das mittlere Gleis für die drei Altwagen. Für Wartungsarbeiten sind am linken Gleis eine neue Montagegrube und eine neue Dacharbeitsbühne vorhanden.

Im Juli 2008 wurden die neuen Gleise an beiden Querungen der Hagenstraße – nächst der Talstation und der Haltestelle Hagen – in Betonfertigteilbauweise errichtet. Zwischen Juli und September 2008 erfolgten die Bauarbeiten zur Querung der Mühlkreisbahn und Einbindung in das Straßenbahnnetz. Die Strecke zweigt nun vor Erreichen der Talstation ab und quert die Mühlkreisbahn. Für den Einbau der Gleiskreuzung wurde das Gleis der Mühlkreisbahn Richtung Norden verlegt. Zwei Schutzweichen sollen eine unerlaubte Querung verhindern, die Mühlkreisbahn ist an dieser Stelle bevorrangt. Nach Passieren der Haltestelle erfolgt die gemeinsame Querung der Landgutstraße (Gleise verlaufen parallel), die mit Schranken abgesichert ist. Nach Querung der Landgutstraße wird die Schleife der Linie 3 schräg gequert, ehe die Trasse in das Straßenbahnnetz mündet.

_ *Upgrading Process*

The day after the Pöstlingbergbahn had ceased operation, Linz Linien began to dismantle the feeder power line with the help of vehicle no. XII and the tower wagon. After that, the overhead wire was removed, starting from the top of the mountain, with the two vehicles rolling down the hill powered only by gravity. From April 2008, the track infrastructure was dismantled, starting with the anti-derail guard rail, which was partly re-used later, and the removal of the supports that held the overhead equipment. Once the complete trackbed had been taken away, the construction of the new route could begin. By July 2008, all the foundations for the new overhead supports had been laid in concrete, so that subsequently the new poles could be erected. At the same time, the depot, which lies adjacent to the former lower terminus, was adapted for the new low-floor vehicles. At the end of June 2008, the first 900 mm gauge tracks were laid inside the depot. The left depot track can accommodate two new vehicles, and the centre track three old vehicles. For maintenance work, the left track has a new work pit as well as an overhead work gallery.

In July 2008, the new tracks for the two level crossings across Hagenstraße (near the lower terminus and at the Hagen stop) were laid as prefabricated concrete slabs. Between July and September 2008, the track intersection with the Mühlkreisbahn and the connection with the tram network followed. The new route diverges from the existing route just before the former terminus, and then crosses the Mühlkreisbahn, whose tracks were moved north. Two sets of trap points prevent the trams from unauthorised crossing, as the Mühlkreisbahn is always given priority here. After stopping in the inbound direction, the Pöstlingbergbahn gets aligned parallel to the Mühlkreisbahn, and both railways cross Landgutstraße at grade, protected by barriers. East of Land-

Zwischenlösung Busersatzverkehr

Statt der Bergbahn verkehrten ab 25.3.2008 grün-beige lackierte Busse (Nr. 170, 178 und 184) im Halbstundentakt auf den Pöstlingberg, dies bereits auf der verlängerten Strecke vom Hauptplatz bis zur Bergstation Pöstlingberg.

Temporary Bus Replacement Service

From 25 March 2008, the Pöstlingbergbahn was replaced by buses in a green and beige livery (no. 170, 178 and 184); they operated every 30 minutes from the new terminus at Hauptplatz to the mountain terminus on the Pöstlingberg.

Demontage der Speiseleitung unterhalb der Station Hagen (27.3.2008)
Removal of the feeder wire below the Hagen stop (27 March 2008)

Beim Abmontieren der Fahrleitung rollten der Triebwagen XII samt dem Turmwagen aus eigener Schwerkraft talwärts (31.3.2008).
While removing the catenary, car no. XII and the tower wagon rolled downhill driven by gravity (31 March 2008).

Richtung Pöstlingberg zweigt die Trasse der Pöstlingbergbahn bereits vor dem der Schleife vorgelagerten Abstellgleis ab und verläuft parallel zwischen den Gleisen der Straßenbahn und des Mühlkreisbahnhofs. Hier entstand die gemeinsame Haltestelle Landgutstraße für die Straßenbahnlinie 3 und die bergwärts führende Pöstlingbergbahn.

Im Herbst 2008 wurde am Hauptplatz westlich der Straßenbahnhaltestelle der eingleisige Endpunkt errichtet. Das zusätzliche Gleis fügt sich unauffällig in das Erscheinungsbild des Hauptplatzes ein. Insgesamt 1.900 Quadratmeter Pflaster wurden hier und an den übrigen Haltestellen neu verlegt.

Ende Oktober 2008 waren die Gleisbauarbeiten fast abgeschlossen, nur in der Bergstation fehlten noch die neuen Gleise. Mit einer Gleisstopfmaschine der Baufirma Swietelsky erfolgte die Gleisdurcharbeitung. Am 26. November 2008 war es soweit – der letzte Schienenmeter der neuen Pöstlingbergbahn wurde verlegt. Mit Ausnahme zweier Teilstücke in der Berg- und Talstation wurden die alten Stahlschwellen durch Betonschwellen ersetzt.

Anfang 2009 folgte die Montage der Fahrleitung (wie bei der Demontage durch die Linz AG Strom) und der Sicherungsanlagen. Zur Erhöhung der Sicherheit wurde die Signalregelung an den Kreuzungspunkten mit dem Straßenverkehr an die Straßenbahnverordnung angepasst. In Abstimmung mit dem BDA wurden die Haltestellen behindertengerecht gestaltet, die Bordsteinhöhe an die neuen Niederflurwagen angepasst, die Wartehäuschen restauriert und die Beleuchtung mit einheitlichen,

gutstraße, the terminal loop for line 3 is crossed diagonally before the Pöstlingbergbahn finally joins the tram route. In the outbound direction, the Pöstlingbergbahn track diverges from the tram track before the siding located before the loop, and then continues between the tracks of the tram and the Mühlkreisbahn. At this location, there is a shared stop for line 3 and the outbound Pöstlingbergbahn.

In autumn 2008, a single-track terminus, carefully blended in with the surrounding area, was built for the Pöstlingbergbahn on the western side of the existing stop at Hauptplatz. A total of 1900 m2 of setts was used to pave this area and the other platforms.

Except for the upper terminus, most of the track-laying work had been concluded by the end of October 2008. The trackbed was finalised with Swietelsky machinery. On 26 November 2008, the last track section was finally put into place. Except for two sections at the upper and lower termini, all steel sleepers were replaced by concrete ones.

In early 2009, the new overhead equipment (like the dismantling, this was carried out by Linz AG Strom) and signalling system were installed. To increase safety at level crossings, the signalling devices used there are the same as on the tram lines. In co-ordination with the Heritage Office, the stops were made fully accessible, the platform height was adjusted, the waiting sheds were refurbished, and the lighting was renewed with the installation of uniform classical lamps. In addition, the passenger facilities at the upper terminus

Blick in die Wagenhalle vor (links) und nach der Revitalisierung (rechts) | *A look inside the depot before (left) and after upgrading (right)*

Mit einer Gleisstopfmaschine erfolgte die Gleisdurcharbeitung, aufgenommen in der Merkursiedlung (14.10.2008, Foto: K. Aberl).
The trackbed was prepared with specialised tamping machinery, here near Merkursiedlung on 14 Oct 2008.

Errichtung der Gleiskreuzung mit der Mühlkreisbahn (9.8.2008)
Construction of the track intersection with the Mühlkreisbahn (9 Aug 2008)

stilvollen Kandelabern versehen. Auch in der Bergstation wurden sämtliche Fahrgasträume renoviert. Alle Zugänge zu den Bahnsteigen und die Bordsteinhöhen sind nun behindertengerecht gestaltet und entsprechen dem Bundes-Behindertengleichstellungsgesetz. Die frühere Talstation „Bergbahnhof Urfahr" blieb als Museum erhalten und es besteht die Möglichkeit, Sonderfahrten hier zu unterbrechen beziehungsweise ab hier zu buchen.

Die überwiegend eingleisige Streckenführung zwischen bestehender Tal- und Bergstation mit drei Ausweichstellen blieb unverändert. Innerhalb eines Jahres wurde die Strecke komplett erneuert, 7.600 m Schienen (49 kg/m) neu verlegt und die elektrische Oberleitung spannt sich über 175 verzinkte Stahlvollwand-Fahrleitungsmaste. Um das überlieferte Erscheinungsbild zu bewahren, wurde die Oberleitung in der Bergstation wieder an den aus Gusseisen hergestellten Wandrosetten abgespannt. Fast 6000 Tonnen Gleisschotter wurden aufgebracht. 17 Weichen, 2 Schienenkreuzungen (Querung der Mühlkreisbahn und der Schleife Landgutstraße) sowie 4.220 Stahlbetonschwellen wurden für die nun insgesamt 4,12 km lange Strecke benötigt. Bis April 2009 waren die Streckenarbeiten beendet und die Gleise befahrbar. Am 14.4.2009 wurde die Fahrleitung unter Spannung gesetzt, am 20.4.2009 erfolgte dann die erste Befahrung der Strecke mit dem Triebwagen 501. Nach den Probefahrten folgte der Schulungsbetrieb. Ab März 2009 wurden die Bewilligungsverfahren für die Strecke und die Fahrzeuge abgewickelt.

were refurbished, and the platforms were made compatible with the Disability Discrimination Act. The former lower terminus 'Bergbahnhof Urfahr' was converted into a museum; it is possible to book special journeys from this station, or participate in a guided tour through the museum.

The route between the old lower terminus and the top of the mountain remains single-track with three passing loops. Within a year, the line had been completely upgraded, with 7600 m of new rails (49 kg/m) and a new overhead line suspended from a total of 175 zinc-coated steel supports. To preserve the historical appearance of the upper terminus, the overhead wire was again fixed to the cast-iron rosettes on the walls. Almost 6000 tons of ballast, 17 sets of points, two track crossings (one at the intersection with the Mühlkreisbahn, and another at the Landgutstraße turning loop) and 4220 steel sleepers were needed for the line, which has now reached a total length of 4.12 km. By April 2009, all track work had been concluded, and with power having been switched on on 14 April, the first test run was carried out on 20 April by car no. 501. The following weeks were used for driver training. The commissioning procedure for both the route and the vehicles had begun in March 2009.

Bei der Montage der Fahrleitung fand der Turmwagen wieder Verwendung und wurde mit einem Unimog bewegt (21.3.2009 an der Haltestelle Tiergarten).
The tower wagon was once again used to install the new catenary, now moved by a Unimog vehicle (21 March 2009 at Tiergarten).

Einbetonieren der Schienen an der neuen Endstation Hauptplatz (10.10.2008)
Track being laid on a concrete bed at the new Hauptplatz terminus (10 Oct 2008).

Am Eröffnungstag erreicht der geschmückte Triebwagen 501 die Haltestelle Pöstlingberg Schlössl (29.5.2009).
On the day of re-opening, the decorated car no. 501 arrives at the stop called Pöstlingberg Schlössl (29 May 2009).

_ Wiedereröffnung:
Am 29. Mai 2009 fand auf dem Hauptplatz die feierliche Wiedereröffnung der Pöstlingbergbahn statt, auf den Tag genau zum 111-jährigen Bestehen. Nach den Festansprachen und einer Segnung erfolgte die erste offizielle Bergfahrt mit dem Triebwagen 501, danach wurde der Planbetrieb aufgenommen. Das Stadtmuseum Nordico zeigte eine Sonderausstellung zum Thema „Pöstlingberg in alten Ansichten“, als Blickfang stand auf dem Vorplatz der Triebwagen XV.

Zur Bewältigung des hohen Fahrgastaufkommens wurde an Wochenenden der Busersatzverkehr bis 27. September 2009 beibehalten. Ab Frühjahr 2010 verkehren die revitalisierten historischen Triebwagen im Mischbetrieb mit den neuen Triebwagen und bieten ein außergewöhnliches Fahrerlebnis.

Die Revitalisierung erbrachte mehr Komfort, Sicherheit und Barrierefreiheit für die Fahrgäste. Auch das Bemühen, den optischen ursprünglichen Charakter der Bergbahn zu bewahren, ist in weiten Teilen gelungen. Mit der Verlängerung der Strecke rückte die Talstation zum Hauptplatz und somit ins Zentrum des Geschehens. Bereits in den ersten Monaten entwickelte sich die erneuerte Pöstlingbergbahn zu einem Touristenmagnet und begeisterte Gäste aus aller Welt mit ihrer außergewöhnlichen und idyllischen Streckenführung.

_ Re-opening
The formal re-opening of the Pöstlingbergbahn took place at Hauptplatz on 29 May 2009, exactly 111 years after the railway's inauguration. After several speeches and the benediction of vehicle no. 501, the dignitaries started the first upward journey, with regular service beginning immediately after their departure. For this special occasion, the Nordico city museum organised an exhibition called 'Historic Views of the Pöstlingberg', with car no. XV displayed in front of the entrance to attract visitors.

To cope with the increase in demand, the replacement buses remained in service on weekends until 27 September 2009. From spring 2010, both vintage and modern cars will operate on the line, guaranteeing an extraordinary experience.

The upgrading of the line led to more comfort and safety for passengers and the route now provides full accessibility. The goal of maintaining the railway's original character was largely achieved. The extension to Hauptplatz has brought the Pöstlingbergbahn right into the centre of city life. During the first months of operation, the new Pöstlingbergbahn proved a great attraction to many visitors from all over the world, who came to enjoy the unusual and idyllic route.

_ Betrieb einst

Die Pöstlingbergbahn verkehrte im Jahr 1898 an Wochentagen von 7 bis 22 Uhr alle 24 Minuten, bei schlechter Witterung alle 48 Minuten. An Sonn- und Feiertagen fuhr die Bergbahn alle 12 Minuten, bei schlechter Witterung alle 24 Minuten. Für die Bergbewohner wurden im Jahr 1899 Legitimationskarten eingeführt, die einen ermäßigten Tarif gewährten. Die Höchstgeschwindigkeit für die Bergfahrt wurde mit 8 km/h, für die Talfahrt mit 10,5 km/h festgelegt. Die Fahrzeit betrug zu Beginn 22 Minuten.

Zuletzt, vor der Revitalisierung, verkehrte die Pöstlingbergbahn von Montag bis Sonntag im 20-Minuten-Takt (ausgenommen an Sonn- und Feiertagen vormittags im 30-Minuten-Takt). Bei großem Andrang wurden entweder zusätzliche Verstärkungswagen eingesetzt, oder (zuletzt selten) im 10-Minuten-Takt gefahren. 1989 ist der schwach frequentierte Abendverkehr in das Linzer Anrufsammeltaxi-System eingegliedert worden, die letzte Talfahrt der Pöstlingbergbahn erfolgte um 20.20 Uhr. Bei starkem Andrang wurden Zuggruppen von zwei, sehr selten drei Triebwagen gebildet, wobei die Wagen in einem Sicherheitsabstand von je 50 m auf Sicht hintereinander verkehrten. Der Einsatz von Folgewagen wurde dem Gegenzug mit rot-weißen Blechscheiben an den Fahrzeugen signalisiert. Die Höchstgeschwindigkeit für die Bergfahrt betrug 12 km/h, für die Talfahrt 13,5 km/h. Die fahrplanmäßige Fahrzeit war 16 Minuten.

An den Triebwagen signalisierten Fähnchen das aktuelle Intervall: Rot für den verlautbarten 20-Minuten-Takt, Weiß für den 10-Minuten-Takt, Blau für den 30-Minuten-Takt. Aufnahmen aus den 1930er-Jahren dokumentieren noch blau-weiße Fahnen für einen Stundentakt und blaue für eine 80-minütige Zugfolge.

Intervallwechsel – der Fahrer tauscht die rote gegen eine weiße Fahne.
Change of headway – the driver exchanges the red flag for a white one.

_ *Former Operation*

In 1898, the Pöstlingbergbahn operated every 24 minutes on weekdays from 07:00 to 22:00, and during bad weather every 48 minutes. On Sundays and public holidays, trains ran every 12 minutes (every 24 minutes during bad weather). Reduced fares for Pöstlingberg residents were introduced in 1899. The maximum speed on the upward journey was 8 km/h, and on the downhill 10.5 km/h, with the entire journey taking 22 minutes.

In the years before upgrading, the Pöstlingbergbahn operated a 20-minute headway from Monday to Sunday (on the mornings of public holidays and Sundays only every 30 minutes). When needed, extra vehicles were put in service, and on rare occasions the headway was reduced to 10 minutes. In 1989, the badly-frequented evening service was replaced by the 'share-a-taxi' system, and the Pöstlingbergbahn stopped running after 20:20. In times of very high demand, the vehicles formed convoys of up to three cars travelling at a safety distance of approximately 50 m. A red-and-white metal board mounted on the cars indicated to the drivers of the vehicles running in the opposite direction that more cars were following. The maximum speed on the upward journey was then 12 km/h, and on the downhill 13.5 km/h, with the entire journey taking 16 minutes.

Flags on the cars indicated the current headway: red for 20 minutes, white for 10 minutes, and blue for 30 minutes. On some photographs taken in the 1930s, blue-and-white flags for an hourly service and blue flags for a train every 80 minutes can also been seen.

_ Betrieb heute

Nach der Modernisierung verkehrt die Pöstlingbergbahn (Linie 50) im Halbstundentakt, jeweils zur vollen und halben Stunde (erste Talfahrt 5.30 Uhr, letzte Talfahrt im Sommerhalbjahr 22.30 Uhr). Hiefür werden zwei Triebwagen benötigt, die an der Haltestelle Hagen kreuzen. In der Hauptverkehrszeit (vorwiegend im Ausflugsverkehr) wird das Intervall auf 20 Minuten (oder 15 Minuten) verdichtet. Dabei kommen drei (vier) Garnituren zum Einsatz, die sich an den Haltestellen Hagen und Oberschableder begegnen. Die Fahrzeit beträgt bergwärts 21 Minuten, talwärts 19 Minuten, die Höchstgeschwindigkeit 20 km/h.

Um Liebhabern die Fahrt mit den alten Fahrzeugen zu ermöglichen und gleichzeitig die Vorgaben des Behindertengleichstellungsgesetzes zu erfüllen, verkehren die historischen Wagen und die neuen Niederflurfahrzeuge im Mischbetrieb.

Neben den altbewährten Fahrkarten für Berg- und/oder Talfahrt (€ 5.60 bzw. € 3.40) können die Fahrgäste unter drei Kombinationsmöglichkeiten wählen: Das „Pöstlingberg-Kombi-Ticket" beinhaltet die Berg- und Talfahrt und den Eintritt in die Grottenbahn (€ 9.80). Das „Erlebnisticket" ist eine 24-Stundenkarte für das gesamte Linzer Liniennetz und berechtigt zudem zu einer Berg- und Talfahrt mit der Pöstlingbergbahn (€ 8.60). Das „Erlebnisticket plus" umfasst das volle Programm, Berg- und Talfahrt, Eintritt Grottenbahn und 24 Stunden Stadtnetz (€ 12.90). Inhaber einer gültigen Monats- oder Jahreskarte der Linz Linien können die Pöstlingbergbahn ohne Aufpreis nutzen. Für Bewohner entlang der Pöstlingbergbahn gilt eine Sonderregelung, diese können die Bahn mit Fahrscheinen der Kernzone Linz benützen.

_ *Present Operation*

Since it re-opened, the Pöstlingbergbahn (line 50) has been operating every 30 minutes, with the first downhill journey at 05:30 and the last, during the summer season, at 22:30. This service requires two vehicles, which meet at the Hagen passing loop. During peak hours (mostly for excursion trips), the headway is reduced to 20 or 15 minutes, with the three or four cars in service crossing at either Hagen or Oberschableder. The upward journey now takes 21 minutes and the downhill 19 minutes, with a maximum speed of 20 km/h.

To offer nostalgic journeys on vintage vehicles and at the same time provide full accessibility, old and new vehicles operate alternately.

Besides the conventional tickets for single and return trips (€ 3.40/5.60), three types of combined tickets are also available: the ‚Pöstlingberg-Kombi-Ticket' includes a return trip and an entrance ticket for the Grottenbahn (€ 9.80); the ‚Erlebnisticket' is a 24-hour pass for the entire Linz public transport network plus a return trip on the Pöstlingbergbahn (€ 8.60); the ‚Erlebnisticket plus' includes everything: a 24-hour pass for the entire Linz network, a return trip on the Pöstlingbergbahn, plus an entrance ticket for the Grottenbahn (€ 12.90). Season ticket holders can ride the Pöstlingbergbahn without a surcharge. Residents along the line can use the Pöstlingbergbahn with standard public transport tickets.

Die Gleise in der revitalisierten Bergstation bieten Platz für je einen Niederflur-Triebwagen oder je zwei gekuppelte Altwagen (7.6.2009).
Each track inside the upgraded mountain terminus can accommodate one of the new low-floor cars or two coupled cars of the older stock (7 June 2009).

Fahrzeuge & Streckenausrüstung

_ Fuhrpark von 1898 bis 2008
Die Pöstlingbergbahn war zunächst als reine Ausflugsbahn für den Sommerbetrieb konzipiert, weshalb die TEG zur Betriebseröffnung sechs rundum offene Sommertriebwagen (Nr. I bis VI) von der Grazer Waggon- und Maschinen-Fabriks-Aktiengesellschaft beschaffte. Bei Schlechtwetter wurden die seitlichen Leinenvorhänge zugezogen. Als Unterscheidung zu den Straßenbahnwagen erhielten die Bergbahnwagen die Wagennummer in römischen Ziffern aufgemalt. Bald musste man erkennen, dass außer den offenen Wagen mit 24 Sitzplätzen auf sechs Querbänken auch geschlossene Wagen benötigt wurden. Ab 1900 verkehrte die Bergbahn ganzjährig. Für den Betrieb im Winterhalbjahr wurden bei der Grazer Waggonfabrik die geschlossenen Wagen VII und VIII mit offenen Plattformen und je 18 Sitzplätzen nachbestellt (amtliche Erprobung 3.8.1899). Beide Wagen erhielten Radsätze mit doppelseitigen Spurkränzen, die man zuvor am Triebwagen II erprobte. Damit war es gelungen die bei Talfahrt entstehende ungewöhnlich große Abnützung in den Kurven sowohl an den Schienenköpfen der äußeren Schienen wie auch an den Spurkränzen der Räder zu lindern. Zudem verstärkte man die Vorschaltwiderstände für die elektrische Bremse, die eine verstärkte Nutzung der Widerstandsbremse bei der Talfahrt ermöglichte.

Für alle Fahrzeuge lieferte die Bergische Stahlindustrie in Remscheid die Fahrgestelle, die Union-Elektrizitäts-Gesellschaft (UEG) die elektrische Ausrüstung. Die 1882 als Tochtergesellschaft der Thomson-Houston Electric Company gegründete UEG in Berlin war nicht nur Miteigentümer der Pöstlingbergbahn, sie baute und betrieb auch zahlreiche Straßenbahnen in Deutschland und vielen anderen Ländern.

Rolling Stock and Line Equipment

_ Rolling Stock from 1898 until 2008
The Pöstlingbergbahn was initially designed as a tourist railway which would only be operated during the summer months, and for this reason, the TEG ordered six open summer vehicles (no. I-VI) from the 'Grazer Waggon- und Maschinen-Fabriks-Aktiengesellschaft'. In bad weather, the linen curtains on both sides were drawn. To distinguish the cars from normal tram vehicles, they were numbered with Roman ciphers. When in 1900 the Pöstlingbergbahn started operating all year round though, it soon became apparent that besides the six open cars, which had a capacity of 24 seated passengers on six perpendicular benches, enclosed cars were also needed. For winter service, the enclosed cars VII and VIII were purchased from the Graz works; they had open platforms at both ends and a total of 18 seats; the official commissioning of the new cars took place on 3 Aug 1899. The wheelsets of both cars were equipped with double-sided flanges, which had first been tested on car II. In this way, it was possible to reduce the extreme wear and tear of the rail head and the flanges during the downhill journey. The pre-resistors for the electric brakes were also reinforced, which enabled them to be used more frequently on the downward trip.

The bogies for all the vehicles were manufactured by the Bergische Stahlindustrie in Remscheid (Germany), while the Union-Elektrizitäts-Gesellschaft (UEG) in Berlin was responsible for the electrical equipment. The UEG had been founded in 1882 as a subsidiary of the Thomson-Houston Electric Company, and was one of the co-owners of the Pöstlingbergbahn. The UEG also built and operated several tramway systems in Germany and other countries. In 1904, this company was

Probefahrt mit dem Triebwagen II am Hohen Damm, wenige Tage vor der Eröffnung (Archiv Linz AG)
Motor car II on a test run at Hoher Damm, shortly before the line's opening

Kreuzung der Triebwagen II und VIII in der Ausweiche Schableder (1925, Archiv Stadtmuseum Linz)
Motor cars II and VIII meeting at the Schableder passing loop.

1904 ging das Unternehmen vollkommen in der Allgemeinen Elektricitäts-Gesellschaft (AEG) auf. Im Unterschied zu den Straßenbahnwagen hatten die Bergbahnwagen von Anfang an zwei stärkere Motoren mit einer Leistung von 20,4 kW. Wegen der starken Steigung gab es keine Beiwagen. Lediglich für die Zwecke der Bahnerhaltung und für Transporte lieferte Orenstein & Koppel einen Turmwagen und eine Materiallore, die immer bergseitig gekuppelt waren. 1901 bekam der Triebwagen II je Längsseite fünf Türen, während der Einstieg weiterhin über die Laufbretter erfolgte. Dieser Umbau gab dem Wagen ein an „Abteilwagen" erinnerndes Aussehen.

Die steigende Frequenz und Zunahme der Tage mit „Winterbetrieb" erforderte die Beschaffung weiterer Wagen. Mit einem von Drobil in Urfahr gefertigten Aufbau entstand in der TEG-Werkstätte der geschlossene, aber mit offenen Plattformen versehene Triebwagen IX (amtliche Erprobung 22.8.1904). 1905 tauschten die Triebwagen II und VI ihre Nummern, sodass die offenen Wagen I bis V und die geschlossenen Wagen VI bis IX zur Verfügung standen. Als 1909 der Austausch von stark abgenützten Schienen in mehreren Kurven notwendig war, entschloss man sich, das Oberbausystem zu ändern. Alle Bögen wurden mit Leitschienen (Zwangsschienen) versehen, welche in den Kurven den seitlichen Druck aufnahmen und dem Verschleiß an den Schienen ein Ende bereiteten. Hiefür wurden die Radsätze aller Triebwagen mit doppelt breitem Spurkranz (in Linz „Doppelspurkranz" genannt) versehen und mit einer Spurkranzschmierung ausgestattet. Einen weiteren geschlossenen Motorwagen lieferte die Grazer Waggonfabrik 1912, der Wagen X verfügte als erster über verglaste Plattformen.

Der erste Weltkrieg brachte sehr viele Fremde nach Linz, die Zahl der beförderten Personen erreichte im Jahre 1918 mit 688.016 den höchsten Wert seit Bestehen. Trotz schwieriger Wirtschaftslage konnte 1920 der Triebwagen V mit einem neuen Aufbau von Selischkar in Linz versehen werden, welcher dem Wagen X ähnelte. Der alte Wagenkasten wurde bei der Herstellung des offenen Straßenbahnbeiwagens 82 (später Nr. 32) weiterverwendet, dieser war bis 1940 im Einsatz.

Die Triebwagen hatten in den ersten Betriebsjahren einen lichtgelben Anstrich. Ab 1902 wurden die Sommerwagen rot, die geschlossen Wagen rot-weiß gestrichen. Ab 1927 wurde die bis heute übliche Farbgebung in weiß-email mit roten und grünen Zierlinien eingeführt; die Umlackierung war 1937 abgeschlossen. Nach dem Entfernen der Seitenwandtüren am Triebwagen VI war 1937 sein ursprünglicher Zustand als Sommerwagen wieder hergestellt. Abermals gab es einen Nummerntausch, diesmal zwischen Wagen V und VI. Dadurch waren die Sommerwagen (Nr. I bis V) und die Winterwagen (VI bis X) neuerlich nummernmäßig zusammengefasst. 1941

absorbed by the AEG (Allgemeine Elektricitäts-Gesellschaft). Unlike the urban tram cars, the Pöstlingbergbahn cars had two more powerful motors (20.4 kW). Because of the severe gradients, no trailers were used. For maintenance work, Orenstein & Koppel delivered a special carriage with a tower, as well as a truck to carry materials; both vehicles always had to be coupled on the mountainside end of a normal car.
In 1901, car II was enclosed, with five doors on each side, although the longitudinal platform for boarding was preserved; it therefore looked similar to a compartment coach.

An increase in ridership as well as a more frequent service on winter days made it necessary to order more cars. With the car body manufactured by Drobil in Urfahr, car no. IX was produced in the TEG workshops; the car, which was commissioned on 22 Aug 1904, was enclosed, but had open end platforms. In 1905, cars nos. II and VI swapped numbers, which meant the open cars were now no. I to V, and the enclosed ones nos. VI to IX. When some severely worn-out tracks along several curves had to be replaced in 1909, it was decided to modify the track system. All curves were retrofitted with guard rails to absorb the lateral pressure in the curves and thus reduce the wear and tear on the rails. The wheels of all the cars had to be equipped with extra-thick flanges and a flange lubricating system. Enclosed car no. X was delivered by the Grazer Waggonfabrik in 1912; it was the first car to have its platforms enclosed with glass frames.

During World War I, many people came to Linz, with the Pöstlingbergbahn carrying a total of 688,016 passengers in 1918, the highest number since its opening in 1898. Despite the difficult economic situation, car no. V was rebuilt in 1920 by Selischkar in Linz with a new car body similar to that of car no. X. The old car body was recycled for the open tram car no. 82 (later no. 32), which remained in service until 1940.

In the early years, the Pöstlingbergbahn cars had a light yellow livery, but in 1902, the summer cars were painted red and the enclosed cars red and white. In 1927, the present livery was introduced: enamelled white with red and green decorative lines; by 1937, all the cars had been repainted. When the lateral doors were removed from car no. VI in 1937, its original summer car look was restored. This led to another number swap between cars no. V and VI, so that the summer cars were now numbered I to V and the winter cars VI to X.
In 1941, car no. IX was retrofitted with a glass screen on the mountainside end to protect the driver from bad weather.
From 1942 onwards, a total of approximately one million passengers were carried each year; a record was achieved in 1956 with a total of 163,966 km covered by the ten cars.
At the same time, the complete fleet was overhauled, some

In der bis 1902 mit der Straßenbahn gemeinsam genutzten Wagenhalle Urfahr ist im Jahr 1899 auf dem Meterspurgleis (rechts im Bild) ein Laufgestell eines geschlossenen Triebwagens (VII oder VIII) mit Radsätzen mit beiderseitigen Spurkränzen zu sehen. Auf dem Gleis links davon posiert der fabrikneue Straßenbahnwagen 13. (Archiv Linz AG)
Inside the Urfahr depot, which was shared by the Pöstlingbergbahn and the urban tramway until 1902, a bogie of an enclosed car (VII or VIII) equipped with a double-sided flange can be seen in 1899 on the metre-gauge track (right). On the left track, the brand new tramway vehicle no. 13 is on display.

Der mit Seitentüren versehene Triebwagen VI an der Haltestelle Oberschableder; mit den Signaltafeln an den Fahrleitungsmasten wurde das Intervall (wie mit den Fähnchen) angezeigt. (Sammlung R. Schrempf)
Motor car no. VI, equipped with lateral doors, can be seen here at the Oberschableder stop; the signs mounted on the poles indicated the headways (just like the flags on the trains).

erhielt der Triebwagen IX als Witterungsschutz für den Fahrer an der bergseitigen Plattform eine Kobelverglasung. Von 1942 an wurden jährlich rund eine Million Fahrgäste befördert, die Triebwagenkilometer erreichten 1956 mit 163.966 km die Spitzenleistung seit der Betriebseröffnung. Im selben Zeitraum unterzogen die Verkehrsbetriebe ihren Fuhrpark einer Generalsanierung, in eigener Werkstätte entstanden einheitliche Umbauten und Neubauten von Triebwagen. Mit diesen Neuaufbauten verwirklichte die Werkstätte zwar technische Neuerungen, im Wesentlichen entsprachen die Wagen jedoch weitgehend konventionellen Baumustern älterer Fahrzeuge. Für den Fahrer bedeutete dies, den Wagen weiterhin stehend zu bedienen. Die Fahrgestelle und die elektrische Ausrüstung glichen der Ursprungsbauart. 1948, zum 50-jährigen Jubiläum der Bahn, nahm die ESG den neu erbauten Triebwagen XI in Betrieb. Dem folgten 1949 die Triebwagen XII und 1952 der Triebwagen XIII. Parallel bekamen die Bergbahnwagen VIII (1950), VII und IX (1952) neue Wagenkästen. Diese Wagen erhielten alle Fenster mit eckigen Rahmen. In den Folgejahren entstanden weitere neue Triebwagen, die durch die Verwendung von Fenstern mit abgerundeten Ecken ein leicht geändertes Aussehen aufwiesen. Die Werkstätte erbaute 1954 die Wagen XIV und XV, 1955 XVI, 1957 XVII und 1958 XVIII. Danach bekamen noch die

cars were rebuilt, and new cars were manufactured in the company's own workshops. While some technical innovations were added, the basic layout of the cars remained that of the older cars. The driver continued to do his job standing, and the bogies and electrical equipment were similar to those in the original cars. For the Pöstlingbergbahn's 50th anniversary in 1948, the new car no. XI was brought into service. It was followed by car no. XII in 1949, and car no. XIII in 1952, while cars no. VIII (1950), VII and IX (1952) were fitted with new car bodies featuring square windows. In the following years, new cars were built in the company's workshops, now with windows with rounded corners: nos. XIV and XV in 1954; no. XVI in 1955; no. XVII in 1957; and no. XVIII in 1958. In 1959 and 1960, cars no. VI and X, respectively, were fitted with new car bodies. From 1950 onwards, hard plastic seats (Durofol seats) were installed on all cars. To conclude the rolling stock renewal, a new steel car body manufactured by Lohnerwerke in Vienna was mounted on car no. V, which had been damaged in an accident in 1960. After this modern car had been brought into service on 1 Sept 1962, the fleet comprised four open cars (no. I to IV) and 14 enclosed cars (no. V to XVIII). All the cars were equipped with slip-ring switches (type B9 from UEG) featuring 6 driving and 6 braking positions. During the

Triebwagen IX mit neuer Farbgebung in Weiß-Email (Sammlung R. Schrempf)
Motor car no. IX in a new enamelled white livery

Triebwagen V wurde 1920 mit einem neuen, geschlossenen Wagenkasten versehen. (Archiv Linz AG)
In 1920, motor car no. V was rebuilt with an enclosed car body.

1941 erhielt der Triebwagen IX als Witterungsschutz für den Fahrer an der bergseitigen Plattform eine Kobelverglasung. (Archiv Linz AG)
In 1941, motor car no. IX was equipped at the mountain-side end with a glass screen to protect the driver from bad weather.

Triebwagen VI und der in eigener Werkstätte neu erbaute Triebwagen XI vor der noch zweigleisigen Wagenhalle (Archiv Linz AG)
Motor car no. VI poses with motor car no. XI, which had just been built in the company's own workshops, in front of the depot, then still double-track.

Triebwagen VI (1959) und X (1960) neue Aufbauten. Ab 1950 in allen Wagen (außer XI und XII) Hartschalensitze (Durofolsitze) eingebaut. Zum Abschluss wurde der 1960 bei einem Unfall beschädigte Sommertriebwagen V mit einem von den Lohnerwerken in Wien gefertigten geschlossenen Stahlwagenkasten versehen. Nach Inbetriebnahme dieses modernsten Bergbahnwagens am 1.9.1962 waren vier offene Wagen (Nr. I bis IV) und 14 geschlossene Wagen (Nr. V bis XVIII) vorhanden. Alle Triebwagen besaßen Schleifringfahrschalter (Type B 9 von UEG) mit 6 Fahr- und 6 Bremsstufen. In den 1960er-Jahren erhielten alle Wagen Motoren der Type GE 53/5 (je 24 kW). Im Lauf der Jahre erfolgten kleine Modernisierungen wie etwa der Einbau zahlreicher Druckknöpfe im Fahrzeuginneren, mit dem der Schaffner dem Fahrer das Abfahren von der Haltestelle signalisierte.

Die an schönen Sommertagen eingesetzten offenen Triebwagen wurden Mitte der 1960er-Jahre einer Generalreparatur unterzogen, unter weitgehender Bewahrung des ursprünglichen Erscheinungsbildes. In den Wintermonaten waren die Sommerwagen in der Remise Kleinmünchen (später in der Autobusgarage) hinterstellt. Ende 1966 wurde der Wagen V abgestellt, wegen des schwereren Wagenkastens konnte die fahrplanmäßige Fahrzeit bei der Bergfahrt nicht eingehalten werden, laut Fahrtenbuch legte das Fahrzeug lediglich 5817 km zurück.1971 baute die ESG einen neuen Turmwagen, der wahlweise auf der Strecke der Bergbahn mit 1000 mm Spurweite und auf den Gleisen der Straßenbahn mit 900 mm Spurweite eingesetzt werden konnte. Die Spurweitenverstellung war durch die Verschiebung der Räder auf den Achsen mit einem einfachen Handrad möglich. Weiters waren eine Lore zur Verwendung als Dreiseitenkipper, für Schienentransporte und als Unkrautspritzwagen vorhanden sowie eine Berglore für den Materialtransport und ein zweiteiliger Achsbruchwagen.

Bedauerlicherweise nahm in den folgenden Jahren die Fahrgastfrequenz aufgrund der zunehmenden Motorisierung ständig ab. Als Hauptuntersuchungen anstanden, wurden

1960s, all the cars (except nos. XI and XII) were fitted with motors of type GE 53/5 (each with 25 kW). Later, some minor modernisation measures were taken, like the addition of several buttons which allow the conductor to indicate to the driver that everything is ready for departure.

In the mid-1960s the open summer cars were overhauled, but their original appearance was preserved. During the winter months, these cars were stabled in the Kleinmünchen depot (later bus depot). Car no. V was withdrawn in 1966 as its heavy car body prevented it from keeping to the scheduled timetable on the upward journey; according to the log book, it only ran 5817 km. In 1971, the ESG built a new, adjustable tower wagon, which could be used on both the 1000-mm-gauge Pöstlingbergbahn as well as the 900-mm-gauge urban tram network. The gauge was changed manually by moving the wheels on the axles. The work fleet also comprised a truck, operable as a dumper on three sides, to transport rails and spray herbicide for weed control; plus a material truck and a two-section auxiliary bogie car needed in case of a broken axle.

Unfortunately, ridership figures fell over the following decades, mainly as a consequence of increasing car ownership. When their general overhaul was due in 1977/78, cars no. VII, IX, and XIII were withdrawn from service. The latter was rescued from scrapping and added to the collection of historical vehicles on the Museumsbahn St. Florian. Rising operating costs required further measures in the mid-1980s. From the beginning of operation, each car had been operated with a driver and conductor onboard, but now one-man operation was to be introduced. This was tested on car no. V, which had only rarely been in service during special events. It was adapted for one-man operation and put into service from June to December 1988. Plans to convert the car into a party carriage were not feasible, and it was scrapped in 1989. Its driving gear and motors were recycled when tram car no. 45 was restored in 1998.

Fahrzeugliste 1968 | *Rolling Stock List 1968*:

Wagennummer *Car number*	Länge *Length* mm	Breite *Width* mm	Gewicht *Weight* kg	Sitz-/Stehplätze *Seats/Standees*
I - IV	6480	2300	8800	24/2
V	8330	2180	10700	22/9
VII – IX, XI – XIII	8330	2180	10000	22/9
VI, X, XIV – XVIII	8330	2180	10500	22/9

Begegnung der Triebwagen XIII und IX an der Haltestelle Schableder (6.6.1976). (Foto: G. Hofmann)
Motor cars no. XIII and IX meeting at the Schableder stop on 6 June 1976.

1977/78 die Motorwagen VII, IX und XIII abgestellt. Letzterer entkam der Verschrottung und bereichert seither die Sammlung der Museumsbahn St. Florian. Steigende Betriebskosten zwangen Mitte der 1980er-Jahre zu weiteren Einschnitten. Seit der Betriebseröffnung war jeder Wagen mit einem Fahrer und einem Schaffner besetzt, ein schaffnerloser Betrieb sollte das Betriebsdefizit verringern. Für die Adaptierung auf Ein-Mann-Betrieb diente der Triebwagen V als Versuchsträger, welcher nur noch selten bei Sonderfahrten zum Einsatz kam. Danach wurde der Triebwagen für schaffnerlosen Betrieb adaptiert und von Juni bis Dezember 1988 eingesetzt. Dann sollte er zum Partywagen umgebaut werden, dies stellte sich als unrealisierbar heraus und die Arbeiten wurden mittendrin abgebrochen, das Fahrzeug 1989 verschrottet. Die Fahrschalter und Motoren fanden 1998 bei der Restaurierung des Straßenbahntriebwagens 45 Verwendung.

Alle geschlossenen Triebwagen wurden zwischen 1987 und 1990 mit Totmanneinrichtung und Funkanlage für den Betriebsfunk versehen. Das äußerliche Erscheinungsbild änderte sich geringfügig durch die Anbringung von vier Außenspiegeln und den Einbau von Rücklichtern. Die Sommertriebwagen konnten nicht für den Ein-Mann-Betrieb umgerüstet werden und es war für deren Betrieb ein Beimann notwendig. Der Einsatz im Planverkehr wurde immer seltener und beschränkte sich bald auf bestellte Sonderfahrten. 1995 kam der offene Triebwagen IV zur Straßenbahn Gmunden, wo er mit der Nummer 100 seither in den Sommermonaten als Nostalgiefahrzeug zum Einsatz kommt. Anfang der 1990er-Jahre wurden die silbergrau gestrichenen Blechdächer der Wagen durch eine graue Kunststofffolie ersetzt.

Zum 100-jährigen Jubiläum war der Fahrgastandrang riesig, es wurden alle noch vorhandenen Triebwagen eingesetzt. Wie an schönen Ausflugstagen in den 1950er-Jahren verkehrten meist drei Triebwagen hintereinander im 10-Minuten-Intervall. Per 31.10.2004 wurden die bei einem Zusammenstoß beschädigten Triebwagen XI und XVII abgemeldet, letzterer wurde an die Firma Payreder Metallbau in Perg verkauft. 2007 folgte die Abstellung der Triebwagen VIII und X, welche zusammen mit dem Wagen XI zur Modernisierung auserkoren wurden. Am Osterwochenende 2008 verkehrte die Pöstlingbergbahn zum letzten Mal auf den alten Gleisen. Die Linz Linien waren für den Besucheransturm an den letzten Betriebstagen gut gerüstet und es

Between 1987 and 1990, all the enclosed cars were retrofitted with a dead man's switch and a radio system. The exterior was modified slightly by adding four rear-view mirrors as well as rear sidelights. The open summer cars could not be converted to one-man operation, so a conductor was still required; their regular service therefore became rather the exception, and soon they could only be seen on special journeys. In 1995, the open car no. IV was transferred to the tramway in Gmunden, where as car no. 100 it is in operation during the summer months. In the early 1990s, each car's silver sheetmetal roof was replaced by a grey plastic cover.

The celebration of the Pöstlingbergbahn's 100th anniversary attracted many passengers, and all available cars had to be put into service. Like on nice days in the 1950s, mostly convoys of three cars operated a 10-minute headway. On 31 Oct 2004, cars no. XI and XVII were withdrawn after a collision, the latter being sold to Payreder Metallbau, a company in Perg. In 2007, cars no. VIII and X were withdrawn, but, along with car no. XI, they were chosen for modernisation and then service on the upgraded line. During Easter 2008, the Pöstlingbergbahn operated on its old tracks for the last time. In the final days of service, all six available enclosed cars were out on the line (nos. VI, XIV, XV, XVI, XVIII, plus vintage car no. XII).

The Pöstlingbergbahn cars used to be equipped with a trolley pole of the 'Thomson-Housten' type, which was widely used in the early days of the tramways, but in most cases they were later replaced by pantographs; on the Pöstlingbergbahn, however, they remained in place until the recent upgrading of the line! One of the disadvantages of the old system was the need for complicated catenary points, which often caused the trolley pole wheel to jump out; the wheel was therefore replaced in the 1950s by a collector shoe.

Der 1960 mit einem geschlossenen Stahlwagenkasten versehene Triebwagen V aufgenommen am Hohen Damm (Foto: G. Hofmann)
Motor car no. V, which had been equipped with an enclosed car body in 1960, is seen here at Hoher Damm.

waren alle noch vorhandenen sechs geschlossenen Triebwagen (VI, XIV, XV, XVI, XVIII und der Museumstriebwagen XII) im Einsatz.

Die Pöstlingbergbahn-Triebwagen waren mit Stangenstromabnehmern ausgerüstet. Das System „Thomson-Housten" war einst weit verbreitet, in den meisten Fällen ersetzten im Lauf der Jahre Lyra- bzw. Scherenstromabnehmer die Stangenstromabnehmer, bei der Pöstlingbergbahn hielt man jedoch an diesem Prinzip bis zur Umspurung fest! Nachteilig wirkte sich bei diesem System die Notwendigkeit komplizierter Fahrdrahtweichen aus. Leicht kam es auch zum „Ausspringen" der Kontaktrolle, weshalb die am Fahrdraht anliegende Rolle in den 1950er-Jahren gegen einen Schleifschuh ausgewechselt wurde.

Unerlässlich bei Bergbahnen sind gewiss die Bremssysteme. Wie andere elektrische Triebwagen, verfügten die Pöstlingbergbahn-Wagen über eine elektrische Kurzschlussbremse (Motorbremse) und eine Handbremse (Klotzbremse). Als besondere dritte Bremse kam die „Zangenbremse" hinzu. Die UEG orientierte sich bei ihrer Konstruktion an der von Bucher und Durer für die Stanserhorn-Standseilbahn (Schweiz) ausgeführte Bremse. Diese besteht aus Bremsbacken, die den keilförmig ausgebildeten Schienenkopf zangenförmig umfassen und fest pressen. Die Betätigung erfolgte über ein Handrad von jeder Plattform aus. Die Zangen sind zwischen den Wagenachsen angebracht. Besondere Bedeutung erhielt die Zangenbremse mit Umrüstung der Fahrzeuge auf Einmannbetrieb, was insbesondere den Einbau der behördlich vorgeschriebenen „Totmanneinrichtung" bedingte. Dem Fahrer standen zur Betätigung der Einrichtung zwei Pedale und ein Druckknopf an der Fahrkurbel zur Verfügung. Während der Fahrt war entweder ein Pedal oder der Druckknopf zu drücken; unterblieb dies – etwa weil der Fahrer handlungsunfähig wurde – ertönte 1,5 Sekunden eine Hupe, sodann wurde eine elektrische Kupplung gelöst und durch die Trägheitskraft bzw. Hangabtriebskraft die Zangenbremse angezogen. Gleichzeitig löste der Dachautomat aus und unterbrach die Stromzufuhr zu den Motoren. Eine Notlösevorrichtung (zum Lösen der Zangenbremse) ermöglichte die Weiterfahrt bei Störungen der Einrichtung oder bei Stromausfall.

Ein typisches Merkmal der Pöstlingbergbahn-Fahrzeuge waren die an den Stirnfronten angebrachten Gepäckträger, an denen Kinderwagen, Fahrräder und Schlitten für den Mittransport eingehängt wurden. Die Triebwagen XI und XII waren mit einer Sprühanlage zur Enteisung der Oberleitung ausgerüstet, sowie zur Aufnahme und Bedienung des Schneepfluges ausgestattet. Nach Abstellung des Triebwagens XI wurde der Wagen X mit einer Aufhängevorrichtung für den Schneepflug versehen.

Blick in den Innenraum des Triebwagens XV | *Inside motor car no. XV*

Being a mountain railway, the Pöstlingbergbahn had to be equipped with a special braking system. Like other tram vehicles, the cars had an eddy current brake as well as a mechanical hand brake (block brake), but besides these, they also had a 'clasp brake', based on the Bucher & Durer brakes used on the Stanserhorn funicular (Switzerland); these brakes had two blocks which were pressed against the wedge-shaped rail head. The brake was activated via a crank installed on each of the two platforms; the clasp mechanism was located between the two axles. This clasp brake was of special importance when the cars were adapted for one-man operation as a dead man's switch was required. While the car was in motion, the driver had to either put his foot on one of two available pedals, or press a button on the driving crank; otherwise – on the assumption that the driver must be disabled – a horn blew for 1.5 seconds, then an electric clutch was released, and finally, powered by gravity, the clasp brake was applied. At the same time, an automatic mechanism installed on the roof led to the interruption of the power supply. In case of defects in the dead man's switch or power failures, an emergency release system for the clasp brake allowed the cars to continue their journey.

A typical feature of the Pöstlingbergbahn cars was the luggage rack mounted on the front to carry prams, bicycles or sledges. Cars no. XI and XII were equipped with a spraying system to de-ice the catenary, and were also able to function as snowploughs. When car no. XI was withdrawn from service, car no. X was modified for use as a snowplough, too.

Fahrerstand des Triebwagens VI nach Adaptierung für den Ein-Mann-Betrieb – auf der jeweils rückwärtigen Plattform war das Handrad für die Zangenbremse mit einer Schale abzudecken.
Driver's platform on motor car no. VI after being adapted for one-man operation: at the rear end of the car, the wheel for the clasp brake had to be temporarily covered.

Wagennummer *Car number*	Baujahr *Year*	Hersteller *Manufacturer*	Anmerkungen *Comments*
I	1898	Grazer Waggonfabrik	Sommertriebwagen, 2008 Verbleib Pöstlingbergbahn-Museum *open summer car; transferred to Pöstlingbergbahn Museum in 2008*
II	1898	Grazer Waggonfabrik	Sommertriebwagen, 1901 Einbau von seitlichen Türen, ab 1905 VI, 1937 Türen ausgebaut und fortan als V bezeichnet, 1960 verschrottet *open summer car; in 1901 addition of lateral doors; from 1905 no. VI; in 1937 doors removed and numbered V; scrapped in 1960*
III	1898	Grazer Waggonfabrik	Sommertriebwagen, 2008 an Nostalgiebahnen Kärnten verliehen *open summer car; leased to vintage railways in Carinthia in 2008*
IV	1898	Grazer Waggonfabrik	Sommertriebwagen, 1995 an die Stadt Gmunden verliehen *open summer car; leased to Gmunden in 1995*
V	1898	Grazer Waggonfabrik	1920 Wagenkasten für Straßenbahn-Beiwagen 82 (ab 1927 Nr. 32) verwendet *car body re-used for tram trailer no. 82 in 1920 (from 1927 no. 32)*
V	1921	Selischkar	1937 in VI umbezeichnet, 1958 Neuaufbau, 2008 an Stern & Hafferl verliehen *renumbered VI in 1937; new car body in 1958; leased to Stern & Hafferl in 2008*
V	1962	Lohner	1989 verschrottet *scrapped in 1989*
VI	1898	Grazer Waggonfabrik	1905 in II umbezeichnet, 2008 an Stern & Hafferl verliehen *renumbered II in 1905; leased to Stern & Hafferl in 2008*
VII	1899	Grazer Waggonfabrik	1951/52 Neuaufbau, 1979 verschrottet *new car body in 1951/52; scrapped in 1979*
VIII	1899	Grazer Waggonfabrik	1950 Neuaufbau, 2008/09 modernisiert *new car body in 1950; modernised in 2008/09*
IX	1904	TEG/Drobil	1941 Kobelverglasung, 1952 Neuaufbau, 1979 verschrottet *glass screens in 1941; new car body in 1952; scrapped in 1979*
X	1912	Grazer Waggonfabrik	1959 Neuaufbau, 2008/09 modernisiert *new car body in 1959; modernised in 2008/09*
XI	1948	ESG	2004 abgestellt, 2008/09 modernisiert *withdrawn from service in 2004; modernised in 2008/09*
XII	1950	ESG	2008 Verbleib Pöstlingbergbahn-Museum *transferred to Pöstlingbergbahn Museum in 2008*
XIII	1953	ESG	1979 an ÖGEG (Museumsbahn St. Florian) abgegeben *transferred to ÖGEG (Museumsbahn St. Florian) in 1979*
XIV	1954	ESG	2008 an Nostalgiebahnen Kärnten verliehen *leased to vintage railways in Carinthia in 2008*
XV	1954	ESG	2009 an Nostalgiebahnen Kärnten verliehen *leased to vintage railways in Carinthia in 2009*
XVI	1955	ESG	2008 an Stern & Hafferl verliehen *leased to Stern & Hafferl in 2008*
XVII	1957	ESG	2004 an Firma Payreder Metallbau verkauft *sold to Payreder Metallbau in 2004*
XVIII	1958	ESG	2009 an Nostalgiebahnen Kärnten verliehen *leased to vintage railways in Carinthia in 2009*
501-503	2009	Bombardier Transportation	Niederflur *low-floor*
504	2011	Bombardier Transportation	Niederflur *low-floor*
Arbeitsfahrzeuge | *Auxiliary Vehicles*			
Bergturmwagen *Tower wagon*	1899	Orenstein & Koppel	1972 verschrottet *scrapped in 1972*
Bergturmwagen *Tower wagon*	1971	ESG	Umspurbar auf 900 mm *regaugable to 900 mm*
Lore I *Truck I*	1967	ESG	Zweiseiten-Kipper *operable as a dumper on two sides*
Lore II *Truck II*	1968	ESG	Dreiseiten-Kipper, wahlweise Aufsatz für Unkrautspritzkessel und Schienentransport *operable as a dumper on three sides; used to spray herbicide for weed control, and to transport rails*
Achsbruchwagen *Bogie rescue car*	1943	ESG	zweiteilig *2-section vehicle*

Neuer Niederflur-Triebwagen 503 und modernisierter Altbauwagen VIII | *New low-floor car no. 503 and modernised vehicle no. VIII*

_ Fuhrpark ab 2009

Die Weiterführung ins Stadtzentrum eröffnete große wirtschaftliche Chancen. Das erwartete höhere Fahrgastaufkommen kann jedoch nur durch größere Fahrgastkapazitäten bewältigt werden. Deshalb beschafften die Linz Linien drei Niederflur-Triebwagen (501 – 503) und ließen drei historische zweiachsige Triebwagen (VIII, X und XI) modernisieren. 2009 wurde die Option über ein viertes Neufahrzeug gezogen.

_ Rolling Stock since 2009

The extension of the Pöstlingbergbahn into the city centre has opened up new economic perspectives, and consequently an increase in ridership is expected. To cope with the future demand, Linz Linien has purchased three new low-floor cars (nos. 501-503), and has had three of the historic 2-axle cars (nos. VIII, X and XI) modernised. In 2009, a fourth new vehicle was ordered.

Wagenkasten-Instandsetzung bei der Firma Raility AG in Biel (Schweiz)
Car body refurbishment at the Raility AG plant in Biel (Switzerland)

Endmontage der Wagen X und XI in Leipzig (17.7.2009, Foto: J. Karkuschke)
Final assembly of cars X and XI in Leipzig (17 July 2009)

Fahrerstand des Triebwagens VIII: Der bisherige Fahrschalter dient nun als Sollwertgeber, in der Mitte das Bedientablett, die Bremskurbel zur Betätigung der Schienen- und Gefahrenbremse sowie der Sandung und Warnglocke, das Handrad ist ohne Funktion.
Driver's cab of the modernised vehicle no. VIII: the former controller handle now serves as a setpoint-adjuster; the console is in the middle; the brake handle now controls the track brake, the sander and the bell; the handwheel is left without a function.

• **Modernisierung der Altfahrzeuge**:
Die Triebwagen VIII, X und XI wurden unter Wahrung des charakteristischen Erscheinungsbildes im erforderlichen Ausmaß revitalisiert. Unter Federführung von Vossloh-Kiepe (Elektrische Drehstromantriebstechnik und Steuerung) und den Konsorten Raility (Wagenkasten) und HeiterBlick (Fahrwerk) erfolgte die Ausstattung mit einer neuen mechanischen und elektrischen Ausrüstung. Zunächst wurden die Wagenkästen bei Firma Raility AG in der Schweiz aufgearbeitet und erneuert. Danach erfolgte in der Werkshalle von HeiterBlick in Leipzig die Endfertigung, der Einbau neuer Fahrgestelle und der elektrischen Ausrüstung.

Das Modernisierungskonzept umfasste im Wesentlichen folgende Punkte:

- Einbau neuer Fahrgestelle mit neuer Antriebs- und Bremsausrüstung (Magnetschienenbremse statt der Zangenbremse)
- neue elektrische Steuerelemente und elektrische Schiebetüren
- Erhöhung der Verfügbarkeit, Zuverlässigkeit und Sicherheit der Fahrzeuge

Das technische Konzept zeichnet sich dadurch aus, dass es eine neu gefertigte, jedoch traditionellen Vorgaben entsprechende Ausrüstung, bestehend aus vorhandenem Fahrschalter (Sollwertgeber) aufgesetzt auf einem Winkelgeber (mit 20 Fahr- und 17 Bremsstufen), Ersatzbremshebel (für Schienenbremse und Gefahrenbremsung), IGBT-Direkt-Pulsumrichter und Drehstrommotoren (Antriebsleistung 2 x 50 kW), zum Einbau kam. Dies sichert nicht nur ein traditionelles Aussehen, sondern auch eine dem bisherigen Muster entsprechende Bedienung durch das Fahrpersonal.

Besondere Aufmerksamkeit wurde der Auslegung der Bremssysteme gewidmet. Die Betriebsbremsung erfolgt generatorisch, als Haltebremse wird vor dem Stillstand die elektrohydraulische Federspeicherbremse automatisch zugeschaltet. Ersatzweise kann diese Bremse auch die volle Bremsarbeit übernehmen und bei Bedarf durch die Magnetschienenbremse ergänzt werden.

Für die Bordnetzspeisung wurden zwei neue statische Bordnetzumrichter montiert, welche den Leistungsbedarf für das gesamte Fahrzeug abdecken und zusätzlich die Batterien des Fahrzeugs aufladen. Sollte ein Bordnetzumrichter ausfallen, kann der jeweils andere Bordnetzumrichter den Leistungsbedarf des Fahrzeugs abdecken. Bei Fahrleitungsspannungsausfall kann das Fahrzeug mittels Batterie-Notfahrt, zum Beispiel aus ungünstigen Verkehrssituationen, gefahren werden.

• ***Modernisation of the older vehicles***
Cars nos. VIII, X and XI were upgraded to modern standards by a consortium led by Vossloh Kiepe (electrical ac traction equipment and controls) and their partners Raility (car bodies) and HeiterBlick (bogies), though their characteristic appearance was preserved. First, Raility AG in Switzerland refurbished the car bodies, which were then transferred to HeiterBlick in Leipzig (Germany) to be mounted on the new bogies and have new electrical equipment installed. All in all, the modernisation process included:

- *new bogies with new traction and braking gear (magnetic track brake instead of clasp brake);*
- *new electrical operating equipment and sliding doors;*
- *increased availability, reliability and safety.*

The technical concept excels in combining newly-manufactured equipment with conventional standards, like an existing controller handle mounted on a new controller box (with 20 driving and 17 braking notches), a substitute brake handle (for track brake and emergency braking), an IGBT direct pulse inverter and ac motors (2 x 50 kW), which not only preserved the cars' historical appearance, but also maintained the drivers' operating routine.

Particular emphasis was placed on the braking devices. The brake for general use is of the regenerative type, while an electro-hydraulic spring-loaded brake is additionally applied when parking. The latter can also be used for general braking and may receive support from the magnetic track brake.
For the on-board power supply, two new static converters were installed, which cover the needs of the entire vehicle besides charging its batteries. Should one of the converters fail, the second is able to supply the required on-board

Fahrzeugdaten | *Vehicle data*

- Fahrzeuglänge über Kupplung | *Car length incl. couplers* – 9958 mm
- Wagenkastenbreite | *Car body width* – 2260 mm
- Fahrzeughöhe inklusive aller Aufbauten | *Vehicle height including all equipment* – 3743 mm
- Achsstand | *Wheelbase* – 2000 mm
- Höchstgeschwindigkeit im Fahrbetrieb | *Maximum speed in operation* – 50 km/h
- Kleinster befahrbarer Radius | *Smallest possible radius* – 17 m
- Einstiegshöhe | *Access height* – 881 mm
- Befahrbare Steigung im Netz | *Maximum gradient* – 116 ‰
- Sitzplätze | *Seats* – 24
- Stehplätze (4 Pers/m2) | *Standees (4 people per m2)* – 20
- Gewicht (leer) | *Weight (empty)* – 14,4 t

Der revitalisierte Innenraum vermittelt ein Mitfahrerlebnis anno 1950.
Refurbished interior based on the 1950 design

Probefahrt des modernisierten Wagens VIII am 19.11.2009: Äußerliche Veränderungen machen sich durch den Scherenstromabnehmer, den Zusatzleuchten, dem neuen Fahrgestell und beim Wegfall der Gepäckhalter (an der Stirnfront) bemerkbar.
Modernised car no. VIII on a test run on 19 Nov 2009: visible changes include the diamond-shaped pantograph, the additional headlights, the new bogies and the withdrawal of the luggage rack from the car front.

HeiterBlick lieferte ein viertes Fahrgestell als Ersatzteil, damit bei aufwändigeren Wartungsarbeiten an einem Fahrgestell das Fahrzeug rasch wieder eingesetzt werden kann.

Die technischen Einrichtungen wurden so ausgelegt, dass ein Betrieb zweier Fahrzeuge mit einem Fahrer möglich ist (Doppeltraktion). Hiefür erfolgte die Ausstattung mit Vielfachsteuerung, Kompaktkupplung und Steckvorrichtung für das Steuerkabel. Im Inneren kamen Lattenrostsitze, wie sie im Triebwagen XI noch vorhanden waren, zum Einbau.

power. If the power supply via the catenary is interrupted, the batteries allow limited vehicle movements, for example, to withdraw the car from a dangerous intersection. HeiterBlick manufactured a fourth, spare bogie to be used as a replacement when major maintenance work is required. The new technical control equipment and the retro-fitted couplers allow operation in multiple units with just one driver. Inside the vehicles, seats made of wooden slats, like those still available in car no. XI, were mounted.

Arbeitsfahrzeuge | ***Auxiliary vehicles***

Zur Weiterverwendung wurde neben den – auf die Spurweite von 900 mm verstellbaren - Turmwagen die Materiallore I umgespurt. Der Turmwagen wurde geringfügig modifiziert, die mechanische Zangenbremse wurde durch eine neue, den Schienenkopf umgreifende, hydraulisch bediente Verankerungsbremse ersetzt. Die Materiallore II (im Bild) wird nicht mehr weiterverwendet.

Besides the catenary repair tower wagon, which was also previously regaugeable to 900 mm, the material truck no. I was regauged to remain in service. The tower wagon was slightly modified by replacing the mechanical clasp brake with a hydraulic parking brake that grips the rail head. The material truck no. II, visible in the photo on the left, is no longer in service.

Triebwagen 501 unternimmt am 10.4.2009 erste Probefahrten in der Remise Kleinmünchen.
Car no. 501 performing test runs inside the Kleinmünchen depot on 10 April 2009.

_ Neue Niederflur-Triebwagen:
Die Niederflur-Triebwagen 501-503 basieren auf dem seit 2002 in Linz eingesetzten siebenteiligen, früher als *Cityrunner* bezeichneten Fahrzeugtyp. Die heute Flexity Outlook genannten Fahrzeuge stellten damals eine Weltneuheit dar, bei dem Bombardier erstmals zwei als bisher unvereinbar geltende Technologien kombinierte und eine 100-prozentige Niederflur-Straßenbahn mit stufenlosem Innenraum unter Verwendung konventioneller Achsfahrwerke konstruierte. Dadurch konnten die Kriterien für einen hohen Fahrgastkomfort optimal erfüllt werden: durch ebene Einstiege, einen durchgehend stufenlosen Innenraum, keine Sitze auf Podesten und gute Laufeigenschaften des Fahrzeuges.

Für die Pöstlingbergbahn wurde erstmals eine dreiteilige Variante entwickelt, basierend auf den Modulen der Linzer Cityrunner. Der mechanische Teil ist in den Abmessungen also weitgehend gleich mit den vorhandenen Wagen und unterscheidet sich durch das Design im „Retro-Look" sowie die Zweirichtungsausführung. Anders bei der Technik, die elektrische Ausrüstung stammt ebenfalls von Bombardier (bei den Cityrunner 001-033 von Elin-EBG). Das modulare Fahrzeugkonzept besteht aus Fahrerkabine, Fahrwerkmodul und Brückenmodul. Die drei Wagenkästen ruhen auf zwei Triebdrehgestellen mit konventionellen Radsätzen.

Entgegen der „Flachlandausführung" war eine Auslegung für die „topographischen Bedingungen der Bergstrecke" notwendig, etwa die Verwendung voll redundanter Systeme. Das Fahrzeugkonzept umfasste folgende Anpassungen:

Fahrzeugdaten | *Vehicle data*
- Fahrzeuglänge | *Car length* – 19160 mm
- Wagenkastenbreite | *Car body width* – 2300 mm
- Fahrzeughöhe | *Vehicle height* – 3500 mm
- Drehgestell-Mittenabstand | *Distance between bogies* – 10500 mm
- Höchstgeschwindigkeit im Fahrbetrieb | *Maximum speed in operation* – 50 km/h
- Kleinster befahrbarer Radius | *Smallest possible radius* – 17 m
- Einstiegshöhe | *Access height* – 320 mm
- Befahrbare Steigung im Netz | *Maximum gradient* – 116 ‰
- Sitzplätze | *Seats* – 33 (davon 6 Klappsitze | *incl. 6 folding seats*)
- Stehplätze (4 Pers/m2) – 53 (bei Verwendung der Klappsitze *Standees (4 people per m2)* – 53 *(when folding seats are used)*
- Gewicht (leer) | *Weight (empty)* – ca. 27,5 t
- Pufferdruck | *Buff load* – 400 kN

_ New low-floor rolling stock:
The low-floor vehicles 501-503 are based on the 7-section tram stock which has been in service in Linz since 2002, and which had initially been referred to as the 'Cityrunner'. Now called the 'Flexity Outlook', this Bombardier vehicle was at that time a worldwide novelty in that it combined two technologies which seemed incompatible, i.e. a stepless interior with conventional wheelset bogies. In this way, the best possible results were achieved for the passengers: level access, a continuous level floor, no seats mounted on raised sections, plus the vehicle's great running performance.

For the Pöstlingbergbahn, a 3-section version based on the modules used for the Cityrunner was developed. The dimensions of the body are largely identical to the existing tram cars, but the Pöstlingbergbahn cars have a retro design and a driver's cab at either end. The technical equipment, however, is slightly different, as all the electrical components were designed by Bombardier, too (while those of Cityrunners 001-033 were delivered by Elin-EBG). The modular design consists of three different elements: driver's cab, bogie section and bridge

Innenansicht des Triebwagens 501
Interior of vehicle no. 501

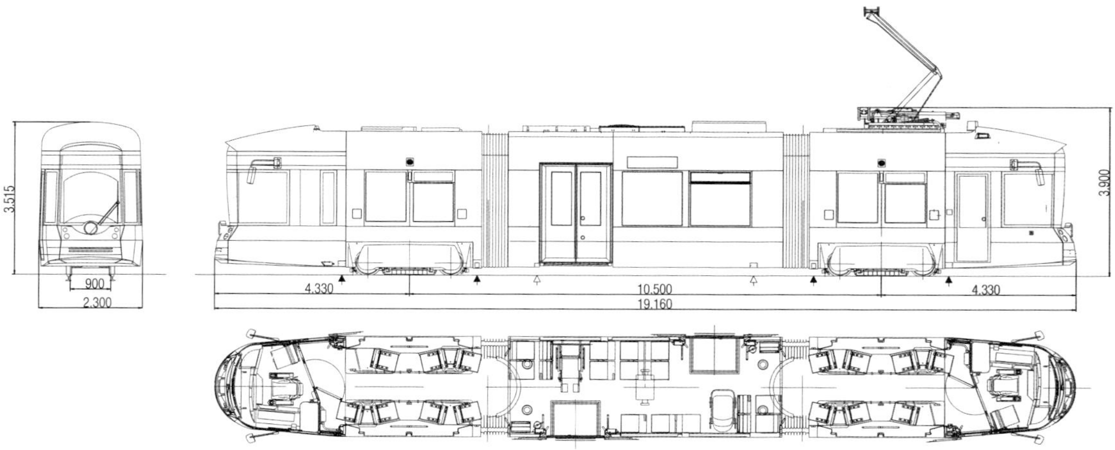

Abb.: Bombardier

- zur Bewältigung der Steigung von durchschnittlich über 100 ‰ sind beide Fahrwerke angetrieben (vier Drehstrom-Asynchronmotoren mit je 105 Kilowatt)
- Geschwindigkeitsreduktion auf 20 km/h Maximalgeschwindigkeit auf der Bergstrecke
- Bewegungsüberwachung durch redundant ausgeführte Radargeber mit permanentem Abgleich zu den Drehzahlgebern an den Achsen
- achsselektiver Antrieb (Doppel-Traktionsumrichter pro Fahrwerk)
- zwei redundante 24-V-DC-Systeme (getrennte statische Umformer)
- achsselektive Bremse, zwei getrennte Bremskreise, zwei getrennte Notlösebremskreise
- Magnetschienenbremsen getrennt mit 24 Volt DC gespeist
- Spurkranzschmierstifte an insgesamt zwei Achsen
- jedes Rad ist mit einer Sandungsanlage zur Erhöhung der Reibung zwischen dem Rad, der Schienenbremse und der Schiene ausgestattet
- Schneepflug am Bahnräumer
- erhöhter Motorstrom an den Einzeltüren zur besseren Fixierung in der Endposition

Übersicht der Bremssysteme:
- Elektrodynamische Bremse durch die Antriebe
- Elektrohydraulische Federspeicherbremsen
- Magnetschienenbremsen (4 x 85 kN)

Die von „Valentinitsch Design“ gestalteten Fahrzeuge im „Retro-Look“ orientieren sich im Aussehen an den alten Triebwagen, die historische Formsprache wird zeitgemäß übersetzt. Teile des Gesichts der alten Fahrzeuge werden sozusagen neu interpretiert, äußerlich erkennbar etwa durch den Mittelscheinwerfer und dem vorgezogenen Dach. Auch die Gestaltung des Interieurs erfolgte im „Retro-Look“ mit vielen Elementen aus Holz (Seitenwand- und Deckenverkleidung), Holzsitze mit Polsterauflagen, runde Deckenleuchten und Haltegriffe aus Leder. Um möglichst viele Sitzplätze im Fahrzeug unterzubringen, verfügen die neuen Pöstlingbergbahn-Triebwagen je Wagenseite nur über eine einflügelige und eine zweiflügelige Außenschwenkschiebetür, jeweils diagonal angeordnet. Sechs Sitze sind als Klappsitze ausgeführt und bieten für Rollstühle und Kinderwagen Platz. Die Einstiegshöhe beträgt 320 mm, über den Fahrwerken steigt der Wagenboden leicht an. Für die mehrsprachige Fahrgastinformation sind die klimatisierten Fahrzeuge mit Bildschirmen versehen.

section. The three car body segments are mounted on two motorised bogies with conventional wheelsets.

Unlike the urban tram vehicle, the Pöstlingbergbahn cars had to meet special requirements to operate on the mountain route, like the use of fully redundant systems. The following adjustments had to be made:
- *to negotiate gradients of over 100 ‰, both bogies are motorised (with four ac motors each with 105 kW)*
- *maximum speed is now reduced to 20 km/h on the mountain route*
- *redundant radar control of movements by continuously checking the axle revolutions*
- *selectable axle drives (each wheelset with double converter)*
- *two redundant 24 V dc systems (separate static rectifiers)*
- *selectable axle brakes, two separate braking systems, two separate brake release systems*
- *electromagnetic track brakes, fed separately with 24 V dc*
- *flange lubricating system on two axles*
- *each wheel is equipped with a sander to increase the friction between wheel, track brake and rail*
- *snowplough*
- *increased power at each door to guarantee their complete closure*

Overview of braking systems:
- *electrodynamic motor brakes*
- *electrohydraulic spring brakes*
- *electromagnetic brakes (4 x 85 kN)*

'Valentinitsch Design' was responsible for the 'retro look' of the new vehicles, which was based on the older vehicles but interpreted in a modern way. Historical features which re-appear on the new cars are the central headlight and protruding roof. Inside the car, wood is used for the cladding of the walls, ceiling and seats, with the latter also having a moquette; the round lamps on the ceiling and the leather straps to hold on to are other items inspired by the older vehicles. To provide a maximum number of seats, the Pöstlingbergbahn cars just have one single-leaf and one double-leaf door on each side, in a staggered arrangement. Six seats are of the fold-down type to provide enough space for wheelchairs and prams. The floor height is 320 mm at the doors, with the floor rising slightly towards the area of the bogies. The vehicles have air-conditioning and screens with multilingual passenger information.

Mit Neulack, aber noch ohne Beschriftung, kam der Triebwagen XIII am 14.9.1997 auf der Florianer Museumsbahn zum Einsatz und passiert die Haltestelle Pichling See.
Repainted, but still without any labels, vehicle no. XIII was in service on the 'Florianer Museumsbahn' on 14 Sept 1997, near the Pichling See stop.

Eine hübsche Garnitur bildete der Triebwagen 100 zusammen mit dem Beiwagen 111 der Klagenfurter Straßenbahn (Leihgabe des Vereins „Nostalgiebahnen in Kärnten) bei der Fahrt durch die Gmundner Bahnhofstraße am 1.7.1995.
Motor car no. 100 and trailer no. 111 (ex-Klagenfurt; leased from 'Nostalgiebahnen Kärntnen) make a beautiful pair on their way through Bahnhofstraße in Gmunden on 1 July 1995.

_ Verbleib der Pöstlingbergbahn-Fahrzeuge

• 1979 erhielt die „Österreichische Gesellschaft für Eisenbahngeschichte" für die Museumsbahn St. Florian den Triebwagen XIII. Umgespurt auf 900 mm durch Abdrehen des Doppelspurkranzes an den Radreifen und ausgerüstet mit einem Scherenstromabnehmer war er noch viele Jahre im Einsatz. Derzeit ist der Triebwagen betriebsfähig hinterstellt.

• 1995 erhielt die Stadt Gmunden für ihre Straßenbahn als Dauerleihgabe den offenen Triebwagen IV, welcher in der Stern & Hafferl-Hauptwerkstätte Vorchdorf für normalen Straßenbahnbetrieb umgebaut wurde. Im Rahmen einer Hauptuntersuchung erfolgten der Einbau von Magnetschienenbremsen, eines statischen Umrichters, einer Fahrzeugbatterie und der Ersatz des Stangenstromabnehmers durch einen drehbaren Lyrabügel. Die Zangenbremse wurde entfernt, das zum Schalter umgebaute Handrad dient der Betätigung der Schienenbremse, so dass äußerlich keine Veränderung an den charakteristischen Bedienungselementen erfolgte. Aufgrund der beengten Platzverhältnisse wurden zwei Schienenbremsmagnete, gleichartig jenen der Wiener Niederflurwagen des Typs ULF, eingebaut. Weiters erfolgte die Nachrüstung der nach Straßenbahnverordnung erforderlichen Zusatzeinrichtungen (Liniensignale, Fahrtrichtungsanzeiger) in historisch korrekter Form. Der neue statische Umrichter und der Schaltschrank für die Hilfsbetriebe

_ *The Whereabouts of the Pöstlingbergbahn vehicles*

• *In 1979, motor car no. XIII was transferred to the ‚Österreichische Gesellschaft für Eisenbahngeschichte' [Austrian Society for Railway History] for service on the Museumsbahn St. Florian. Regauged to 900 mm by means of removing the widened flange in a machining process, and equipped with a pantograph, it remained in operation for several years, but was later withdrawn, though it is still operational.*

• *In 1995, motor car no. IV was permanently leased to the Gmunden tramway. It was rebuilt in the Stern & Hafferl workshops in Vorchdorf to be able to operate on normal tramway routes. During the general overhaul, an electromagnetic track brake, a static rectifier and a battery were added, and the trolley pole was replaced by a rotatable Lyra-type pantograph. The clasp brake was removed, with its hand wheel turned into a switch to activate the track brake; in this way, the characteristic appearance of the devices was preserved. Due to the lack of space, two track brake magnets, identical to those in use in Vienna on the ULF low-floor trams, were added. In order to make the vehicle fully compliant with tramway regulations, a line number sign and a destination sign, both in historically correct shapes, had to be retrofitted. The new static rectifier and the equipment cabinet were hidden below a bench. The wheel profile was adapted for*

Am 28.4.2008 wurde der Triebwagen III in die Remise Kleinmünchen überführt. (Foto K. Aberl)
On 28 April 2008, vehicle no. III was transferred to the depot at Kleinmünchen.

Der Triebwagen XV stand im Sommer 2009 am Vorplatz des Stadtmuseums Nordico, als Blickfang für die Ausstellung „Pöstlingberg in alten Ansichten".
Motor car no. XV on display during summer 2009 in front of the Nordico Museum, promoting the exhibition 'Old Views of the Pöstlingberg'.

Während der Landesgartenschau 2004 kam der Triebwagen 100 zwei Monate lang in Nordhausen (Thüringen) zum Einsatz.
During the garden show held in Nordhausen (Thuringia) in 2004, motor car no. 100 was in service there for two months.

In den Sommermonaten ist im Hof des „Wirt z'Laab" der Triebwagen XVII zu betrachten.
During the summer, car no. XVII can be seen at the country inn 'Wirt z'Laab'.

wurden dezent unter einer Sitzbank eingebaut. Die Adaptierung des Radreifenprofils für normalen Straßenbahnbetrieb erfolgte durch Abdrehen des Doppelspurkranzes. In roter Lackierung und mit Nummer 100 ist der Triebwagen im Jahr 1995 für die geänderten Betriebsverhältnisse der Gmundner Straßenbahn aufsichtsbehördlich neu zugelassen worden. Seither erfolgt der Einsatz im planmäßigen Nostalgieverkehr, die Stadt Gmunden ist eine Attraktion reicher.

Einen besonderen Einsatz hatte der Triebwagen 100 von Mitte Mai bis Mitte Juli 2004, praktisch als Gegenleistung für den aus Nordhausen (Deutschland) geliehenen Niederflurtriebwagen kam der GM 100 anlässlich der dortigen Landesgartenschau als besondere Attraktion zum Einsatz.

• Als die Linz Linien 2008 die nicht mehr benötigten Pöstlingbergbahn-Triebwagen abgaben, sicherten sich Stern & Hafferl und der Verein „Pro Gmundner Straßenbahn" für zukünftige Pläne die Triebwagen II, VI und XVI. Die Wagen wurden einstweilen geschützt untergestellt.

• Die Triebwagen III, XIV, XV und XVIII gingen als Dauerleihgabe an den Verein „Nostalgiebahnen in Kärnten", wo sie im Museum für Technik und Verkehr „HISTORAMA" in Ferlach als Ausstellungsobjekte eine neue Bleibe fanden. In Zukunft sollen zwei davon auf der in Planung befindlichen „Seetramway", einer Nostalgiestraßenbahn im Klagenfurter Europapark, eingesetzt werden.

• Der Wagenkasten des Triebwagen XVII fand über die Firma Metallbau Payreder beim „Wirt z'Laab" in Naarn eine neue Verwendung. Auf „Gummirädern" wird der Wagen zu besonderen Anlässen von einem Traktor gezogen und ist sonst geschützt in einer Holzscheune hinterstellt.

normal tram operation by reducing the width of the flange. In a red livery and numbered <100>, the vehicle was commissioned in 1995 for operation on the Gmunden tramway line, where it can be seen on regular vintage journeys, adding another tourist attraction to the town.

From May to July 2004, vehicle no. 100 paid a return visit to Nordhausen (Germany) during the Garden Show held there, after a modern low-floor tram from that city had been tested on the Gmunden line.

• *When in 2008 Linz Linien put on offer those vehicles of the Pöstlingbergbahn which were no longer required, Stern & Hafferl and the ‚Pro Gmundner Straßenbahn' association acquired cars no. II, VI and XVI for future service, although for the time being they are stabled in the depot.*

• *Vehicles no. III, XIV, XV and XVIII were permanently leased to the association ‚Nostalgiebahnen in Kärnten' [Vintage Railways of Carinthia], and are now on display at the HISTORAMA Museum for Technology and Transportation in Ferlach. In the future two of these cars may operate along the planned lakeside heritage tramway line in the Europapark in Klagenfurt.*

• *The car body of vehicle no. XVII was purchased by the company Metallbau Payreder and transferred to a country inn called the 'Wirt z'Laab', where on special occasions it is mounted on rubber tyres and pulled around by a tractor: The rest of the time it is stabled inside a wooden shed.*

Hauptplatz in Blickrichtung Urfahr in den 1930er-Jahren; der Wagenkasten des offenen Triebwagens V wurde beim Bau des Beiwagens 32 weiter verwendet (siehe Text Seite 41) (Sammlung R. Schrempf).
View of Hauptplatz looking towards Urfahr in the 1930s; the car body of vehicle no. V was recycled for tram trailer no. 32 (see text on page 41).

In den ersten Betriebstagen wartet der Weichenwärter in der Ausweiche Oberschableder auf den Gegenzug. (Archiv Linz AG)
In the first days of operation, the switch guardian awaits a train at the Oberschableder passing loop.

Viele Jahrzehnte musste der Schaffner die Weichen umstellen. (Foto: G. Hofmann)
For many decades, the conductor was in charge of changing the points.

_ Streckenausrüstung vor der Modernisierung

Die Pöstlingbergbahn hatte eine Spurweite von 1000 mm, das Gleis lag durchwegs auf eigenem Bahnkörper. Rund drei Viertel der Strecke verlief in der maßgeblichen Neigung von 105 ‰, in den Ausweichen Merkursiedlung und Oberschableder betrug die Neigung 30 ‰, in der Ausweiche Schableder 39 ‰. Neigungsanzeiger informierten entlang der Strecke über die jeweilige Steigung.

Das Oberbausystem der Pöstlingbergbahn war ein komplexes Sondersystem, bestehend aus durchgehend verschweißten Keilkopfschienen (36 kg/m) auf Stahlschwellen. Eine zusätzliche Leitschiene nahm in den Kurven die seitlichen Druckkräfte auf. Die Baulänge der Strecke betrug 2900 m, die Betriebslänge 2880 m und der kleinste Kurvenradius 26 m. Die Weichen waren als „Schleppweichen" mit drehbarem Herzstück und verschiebbaren Flügelschienen ausgeführt. Je nach Fahrtrichtung wurde ein Schienenstück herein- bzw. herausgedreht. Diese aufwändige Konstruktion war notwendig, um für den Eingriff der Zangenbremse die Schiene lückenlos zu halten. Die Weichen waren ursprünglich ortsbedient. Die Bewegung wurde vom Stellhebel mit Stellgewicht auf die beiden Zungenpaare, das drehbare Herzstück und einen Drahtzug übertragen, der zur Fahrleitungsweiche führte. In den ersten Betriebsjahren gab es eigene Weichensteller, später mussten die Schaffner diese Arbeit mitbesorgen. Mit Einführung des Ein-Mann-Betriebes erhielten die Weichen einen elektrischen Stellmotor, das Stellgewicht wurde in einer Mittellage fixiert. Die Umstellung erfolgte mittels Betätigung eines Schlüsseltasters, den der Fahrer mühelos von der Wagenplattform aus erreichen konnte.

Die Fahrleitungsanlage der Pöstlingbergbahn war als starre Einfachfahrleitung mit Rillenfahrdraht ausgeführt. Bis zur Haltestelle Hotel war auf den Stahlmasten zudem eine Verstärkungsleitung parallel geführt. Zusätzlich erfolgte bei den Haltestellen Schableder und Hotel eine Einspeisung über ein Erdkabel. Die Fahrdrahtspannung mit 600 Volt Gleichstrom wurde aus der Gleichrichterstation in der Wagenhalle bezogen, welche auch die Straßenbahnfahrleitung im Abschnitt Bergbahnhof – Schmidtor (Hauptplatz) versorgte. Aufgrund des Rückspeisebetriebes im Straßenbahnnetz wurde die früher gemeinsame Einspeisung für Straßenbahn und Bergbahn aufgetrennt. Die Masten waren zu Beginn aus Lärchenholz, wurden aber bis 1908 weitgehend durch Stahlmasten (abgenützte Straßenbahnschienen, 1896 von den Westfälischen Stahlwerken in Bochum gewälzt) ersetzt. Die Masten trugen neben den Auslegern und der Verstärkungsleitung auch eine Fernsprechleitung. Die Fahrleitungsweichen wurden wegen des Betriebes mit Stangenstromabnehmern und Schleifschuhen (wie beim System O-Bus)

_ *Line Equipment before Upgrading*

The old Pöstlingbergbahn had a track gauge of 1000 mm, with the complete track on a separate right-of-way. About three quarters of the route had an average gradient of 105 ‰, while the gradient of the passing loops at Merkursiedlung and Oberschableder was only 30 ‰, and at Schableder 39 ‰. Along the route, the gradient was indicated on signs.

The Pöstlingbergbahn's permanent way was a complex system consisting of welded wedge-shaped rails (36 kg/m) on steel sleepers. An additional anti-derail guard rail was installed along the curves to absorb lateral forces. The total length of the route was 2900 m, with 2880 m used in normal service; the smallest curve radius was 26 m. The points were of the stub switch type with a rotating centrepiece (frog) and movable blades; depending on the desired direction, this track section was moved accordingly. The complex design was required to enable the use of the clasp brake on continuous rails. Initially, the points were set manually in situ. From a lever, supported by a piece of weight, the movement was transferred to the point blades and the rotating frog, and via a wire gear the catenary was also brought into the desired position. In the first years, there were dedicated switch operators, but later the conductors had to take over the task. For one-man operation, all the points had to be equipped with an electric motor, with the lever weight being kept in a middle position. The points were now moved by activating a key button, which the driver could reach easily from the driving platform.

The Pöstlingbergbahn's overhead power supply system consisted of a simple rigid line with a grooved contact wire; up to the stop called Hotel, an additional power line was mounted on the steel supports. At Schableder and Hotel, power was also fed via an underground cable. 600 V dc was supplied by a substation located inside the depot; this substation also supplied the power for the tramway section between Bergbahnhof and Schmidtor (Hauptplatz). Later, the power supply system of the Pöstlingbergbahn was separated from that of the tramway, when the latter started using an energy recovery system. The supports for the overhead line equipment were initially made of larch wood, but in 1908 they were replaced by steel poles (made from worn-out tramway rails originally produced in Bochum's steel works in 1896). Perpendicular arms held the actual contact wire, as well as the additional power line mentioned above, and a telephone line was mounted on the supports. At passing loops, the overhead wire had a section which moved together with the track switches so the trolley pole with its collector shoe would continue on the correct side.

Mit Umstellung auf Einmannbetrieb waren die Weichen mittels Schlüsseltaster zu stellen (Oberschableder, 18.5.1997).
After the introduction of one-man operation the points had to be controlled via a key button (Oberschableder, 18 May 1997).

Schleppweiche an der Haltestelle Oberschableder, deutlich zu erkennen das drehbare Herzstück und die verschiebbaren Flügelschienen.
Complex stub switch at Oberschableder, with swivelling frog and moving point blades.

mit der Weichenmechanik über einen Seilzug zwangsläufig mitgestellt.

Gegenüber dem Bergbahnhofsgebäude befindet sich die 1899 errichtete und 1954 auf drei Gleise erweiterte Wagenhalle. Die drei Hallengleise wurden über den Bahnhofsvorkopf mit insgesamt 5 Weichen (davon 3 mit elektrischem Antrieb) erreicht.

_ Streckenausrüstung nach der Modernisierung
Die eingleisige Streckenführung zwischen bestehender Tal- und Bergstation mit drei Ausweichstellen blieb unverändert. Für die Streckenverlängerung zum Hauptplatz und Eingliederung in das Straßenbahnnetz wurde die Spurweite auf 900 mm geändert. Auf der komplett erneuerten Strecke wurden durchgehend verschweißte Vignolschienen (49 kg/m) auf Betonschwellen verlegt, nur in der Berg- und Talstation verblieben Stahlschwellen. 17 elektrisch bediente Rückfallweichen wurden an der nun insgesamt 4,12 km langen Strecke eingebaut. Die in Gleisbögen wieder montierten Leitschienen bieten eine Schutzfunktion bei Entgleisungen. Für den Einsatz der Niederflur-Triebwagen wurden die Kuppen und Wannen abgeflacht, dadurch weist die Trassierung abschnittsweise eine größere Steigung auf als früher, die Angaben an den Neigungsanzeigern sind nicht mehr zutreffend.

Die elektrische Oberleitung, eine elastische und nachgespannte Fahrleitung (Rillenfahrdraht aus Kupfer, Querschnitt 120 mm²), spannt sich über 175 verzinkte Stahlvollwand-Fahrleitungsmaste. Um das überlieferte Erscheinungsbild zu bewahren, wurde die Oberleitung in der Bergstation wieder an den aus Gusseisen hergestellten Wandrosetten abgespannt. Ein unter dem Bahntrassee verlaufendes Erdkabel optimiert das Fahrleitungssystem und ist in einer Distanz von höchstens 100 m mit dem Fahrdraht verbunden. Ein auf dem Fahrdraht aufgeklemmtes Heizkabel verhindert im Winter ein Vereisen der Fahrdrahtleitung. Das neu errichtete Unterwerk (1.600 kVA) an der Haltestelle Schableder sichert die Stromversorgung (600 Volt Gleichstrom) für die Bergstrecke, parallel wird bis zur Merkursiedlung vom Unterwerk Sonnensteinstraße angespeist. Die bisherige Gleichrichterstation in der Wagenhalle versorgt nur noch die kurze Museumsstrecke.

Zur Erhöhung der Sicherheit wurde die Signalregelung an den Kreuzungspunkten mit dem Straßenverkehr an die Straßenbahnverordnung angepasst. Die Bergstrecke ist mit einer neuen Zugsicherungsanlage ausgestattet, diese besteht aus sieben Abschnitten und einer gemeinsamen automatischen Zuglenkung. Ein Fahren in den nächsten Abschnitt wird durch ein Ausfahrsignal in die Strecke angezeigt. Um bei jeglicher Betriebsbehinderung flexibel reagieren zu können, wurde zusätzlich eine Fernsteuerung zur während der Betriebszeit

The depot is located opposite the lower terminal station; first opened in 1899, it was expanded to accommodate three tracks in 1954. The three tracks inside the depot were accessible via a total of five points (three with electric gear) located in the area between the station and the depot.

_ Line Equipment after Upgrading
Between the former lower and the upper terminus, the single-track alignment with three passing loops remained unaltered, but to allow for an extension to Hauptplatz, and thus achieve the line's integration into the urban tram network, the track gauge was changed to 900 mm. On the completely upgraded route, continuously welded Vignoles rails (49 kg/m) were laid on concrete sleepers, except at the old termini, where steel sleepers remained in place. A total of 17 electrically-powered resetting points were installed along the route, which is now 4.12 km long. The old guard rails were re-used around curves to prevent trains from derailing. The crest and sag vertical curves were flattened to allow the use of low-floor vehicles, which on some sections actually resulted in more severe gradients than before, and the old values on the gradient indicators are no longer correct.

The elastic, tensioned overhead wire is made of copper (diameter 120 mm2) and mounted on 175 galvanised steel posts. Inside the mountain terminus, the wires were again fixed to the original cast-iron rosettes on the walls to preserve the historical appearance. An underground cable, which is connected to the overhead wire at least every 100 m, was installed along the route to optimise the power supply system. A heating cable was mounted on top of the contact wire to prevent freezing during the winter. The new substation (1,600 kVA) located at the Schableder stop supplies power (600 V dc) for the mountain route, while the substation at Sonnensteinstraße feeds the line up to Merkursiedlung; the old rectifier in the depot is still required for the short museum track.

To increase safety, the signals at road intersections were made compatible with general tram operating regulations. The mountain route was equipped with a new signalling system, which is divided into seven block sections and controls all points and slots; a new block section may only be entered when the signal is clear. The system can be remotely-controlled from the control centre, which is equipped with several monitors to keep the signalling system under surveillance and thus enable a speedy reaction to any incidents. The availability of the track is controlled by means of axle counters and stopper circuits. At stops with passing loops, signals were

Gleiskreuzung mit der Mühlkreisbahn, rechts hinten die Haltestelle Landgutstraße (stadteinwärts), ganz rechts erkennt man das Schutzgleis. Links hinten ist der Museums-Triebwagen XII an der bisherige Talstation abgestellt.
Track intersection with the Mühlkreisbahn; on the right, the inbound Landgutstraße stop; on the far right, the escape track; on the left, vintage car no. XII stabled at the former terminus.

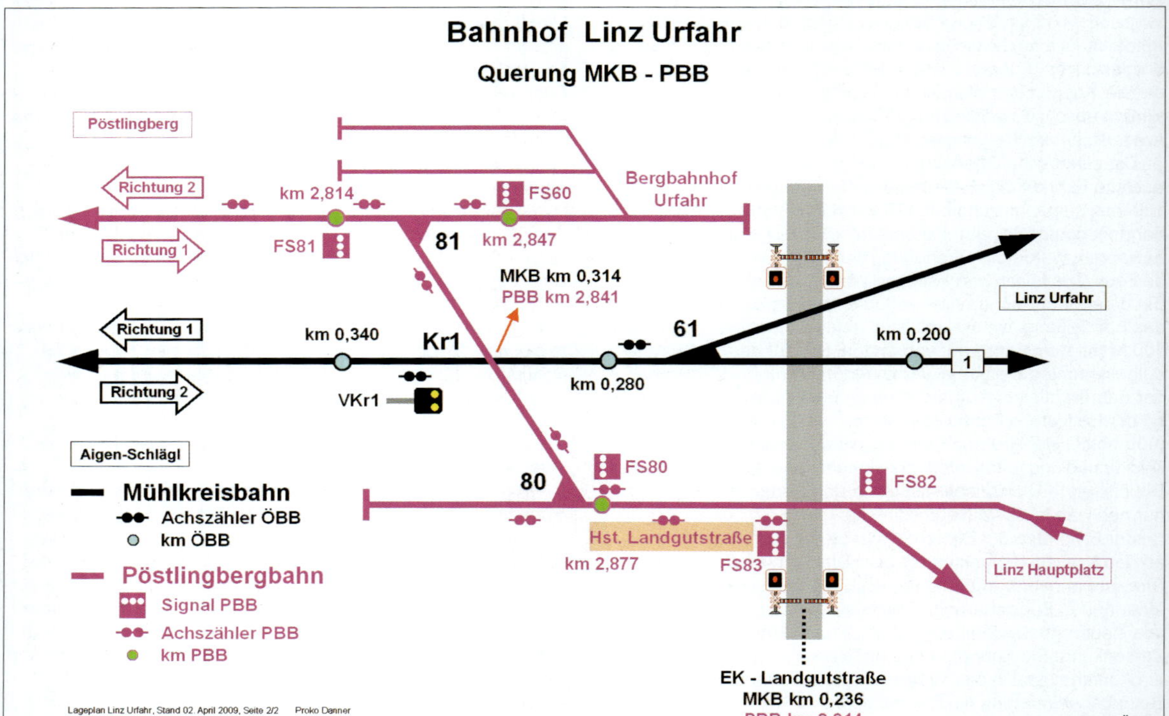

Abb.: ÖBB

Querung der mit Schranken gesicherten Landgutstraße
Level crossing at Landgutstraße, safeguarded with barriers

Querung der mit Lichtzeichen gesicherten Hagenstraße (24.5.2009)
Level crossing at Hagenstraße, safeguarded with traffic lights (24 May 2009)

besetzten Leitstelle eingerichtet. Das Mehr-Monitoren-System in der Leitstelle erlaubt es dem Fahrdienstleiter, die Zugsicherungsanlagen zu bedienen und zu überwachen. Die Gleissicherung erfolgt durch Achszähler bzw. Sperrkreise. Die Belegung der einzelnen Gleise wird über eingebaute Gleisfreimeldeeinrichtungen festgestellt. Dabei wird sowohl das Einfahren in das jeweilige Haltegleis wie das Verlassen des Abschnittes mit den Gleisfreimeldungen festgehalten. Des Weiteren wurden elektrohydraulische Weichenantriebe eingebaut und Fahrsignale in LED-Technik aufgestellt. Die maximal zulässigen Geschwindigkeiten auf den einzelnen Streckenabschnitten werden durch Geschwindigkeitssignale am Beginn und Ende bzw. am Beginn einer neuen Geschwindigkeitsbeschränkung auf der Strecke angezeigt. Die Ausweichen werden in der Regel in Rechtsfahrt befahren, die Zungenendlage der Rückfallweichen wird überwacht. Eine Ausfahrt aus der Haltestelle Oberschableder bergwärts ist nur möglich, wenn der notwendige Platz in der Bergstation vorhanden ist. Die beiden Gleise der Bergstation sind über zwei Gleisfreimeldeeinrichtungen in zwei Abschnitte unterteilt, jedes Gleis kann entweder zwei Altwagen oder einen Niederflurtriebwagen aufnehmen.

Die Kreuzung der Pöstlingbergbahn mit der ÖBB Mühlkreisbahn erfolgt zwischen den beiden Weichen W80 und W81. Die Weiche W81 vor der Abstellhalle dient zur Ausfahrt aus der Bergstrecke der Pöstlingbergbahn stadteinwärts und auch zur Einfahrt in die Abstellanlage. Diese Weiche befindet sich als Grundstellung in Abweichung zur Abstellanlage. Die gegenüberliegende Schutzweiche W80 befindet sich ebenfalls in Grundstellung in Abweichung in das Stumpfgleis. Die beiden Weichen W80 und W81 sind in der Verantwortung der ÖBB und werden bei einer Anforderung eines Fahrweges seitens der Pöstlingbergbahn durch das ÖBB-Stellwerk gestellt. Die Fahrsignale der Pöstlingbergbahn werden nach Einlaufen der Weichen W80 bzw. W81 freigestellt. Nach Abfahren der Fahrstraße und Gleisfreimeldung laufen die Weichen wieder in die Schutzstellung zurück. Die Querung der Landgutstraße wird durch eine gemeinsame mit den ÖBB verwendete Schrankenanlage gewährleistet. Die zwei Hallengleise werden über die Fahrt zur früheren Talstation erreicht.

Die Pöstlingbergbahn fährt auf den Straßenbahnregelgleisen der bestehenden Straßenbahnlinien über die Nibelungenbrücke in die Wendeanlage am Hauptplatz. Das bestehende IBIS-System gibt über Funk die Linienerkennung aus, die Meldung wird in die Ansteuerung der Weichen eingebunden. Die Belegungen des Wendegleises werden über Gleisfreimeldungen überwacht. Die Wagen wurden mit einer Fahrzeugausrüstung zur automatischen Zugbeeinflussung ausgestattet, die auch die Befahrung der mit einer Zugsicherungsanlage ausgestatteten Tunnelstrecke (bei Überführungsfahrten zur Werkstätte in Kleinmünchen) erlaubt.

installed at both ends – uphill and downhill – before the points to make sure the running track ahead is not occupied. A special device records the trains when they enter their respective tracks at passing loops, as well as their departure. Track points were equipped with electrohydraulic motors, and LED-type wayside signals were installed. The maximum speed allowed on each section is indicated at the beginning and end of each respective section, or may terminate at a new speed limit sign. At passing loops, trains generally enter on the right-hand track, with the final position of the resetting point blades being supervised. On the uphill journey, trains can only leave the Oberschableder stop if space is available at the mountain terminus, which has two parallel tracks, each divided into two sections and able to accommodate either two of the older vehicles or one new low-floor tram.

The intersection with the ÖBB Mühlkreisbahn track is located between points no. W80 and W81. The points no. W81 lie in front of the depot and serve inbound trains leaving the mountain route or entering the depot. By default, these points are set to enter the depot. The points no. W80 are located between the Landgutstraße stop and the track intersection, and by default they are set to lead trains into a stub escape track. These two sets of points are controlled from the ÖBB signal box, so the Pöstlingbergbahn needs to send out a request to pass the intersection. Once points no. W80 and W81 have been brought into position, the Pöstlingbergbahn signals are set accordingly. The points return to their default position once the tram has passed. The level crossing at Landgutstraße is safeguarded by barriers shared with the ÖBB line. The two depot tracks can only be reached by reversing at the former lower terminus.

The extended Pöstlingbergbahn now runs on existing tram tracks across the Nibelungen Bridge to its new terminus at Hauptplatz. The IBIS system emits the line code, which is required to set all points accordingly. A track occupation device controls the availability of the siding at Hauptplatz.

The Pöstlingbergbahn cars are also equipped with an automatic train control system which allows them to use the tunnel route on their way to the Kleinmünchen workshops.

Triebwagen 502 auf der steigungsreichen Strecke nächst dem Hohen Damm (26.7.2009) | *Car no. 502 on the steep route near Hoher Damm (26 July 2009)*

Die steilste Adhäsionsbahn Europas

Die „Adhäsion" oder „Haftkraft" zwischen Eisenrädern und Schiene ist bei Bahnen bekanntlich eine eher geringe, weshalb während der Fahrt nur wenig Energie für Reibungskraft geopfert werden muss. Der Preis für diese sparsame Fortbewegung ist das Unvermögen von Schienenbahnen, große Steigungen ohne besondere technische Hilfsmittel zu überwinden.

Im Eisenbahnwesen wird die Neigung in „Promille" (‰) oder im Streckenverhältnis angegeben. 1 : 100 bedeutet etwa ein Ansteigen um 1 m auf einer Streckenlänge von 100 m (= 10 ‰). Hauptbahnen werden in der Regel so trassiert, dass sie mit etwa

Europe's Steepest Adhesion Railway

On railway lines, the adhesion between the steel wheels and the steel rails is rather low, and therefore only a small amount of energy is required to achieve a certain traction power. However, the price to pay for this economical way of traction is the limited capability of climbing steeper routes without any auxiliary devices.

In railway terms, the gradient is mostly given in per mille or promille (‰), or as a ratio of one part rise to so many parts run, e.g. 1 in 100 (= 10 ‰). Mainline railways are generally designed with a maximum gradient of 30-40 ‰; one of

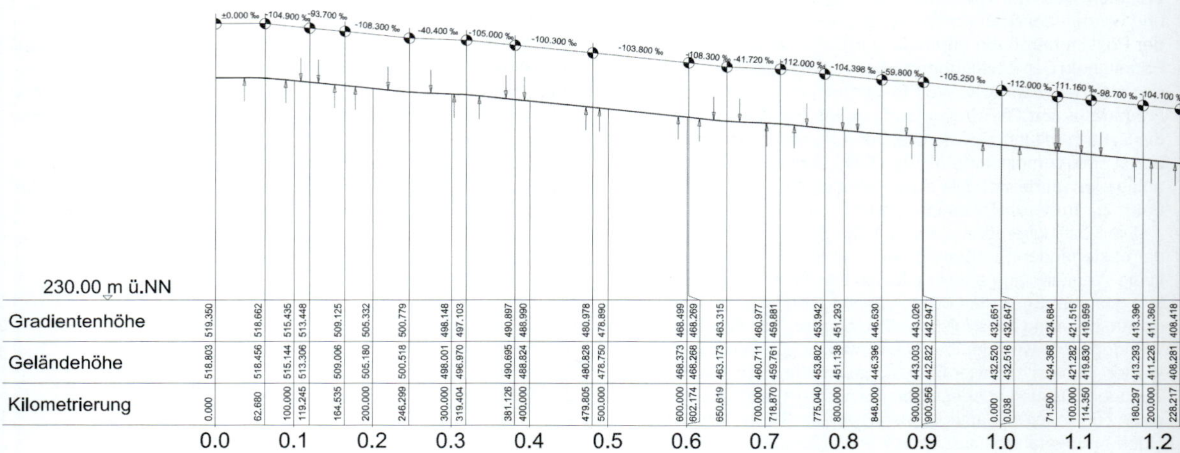

Entlang der Strecke zeigen Neigungsanzeiger die Neigung in Promille und die betreffende Streckenlänge in Metern an.
Along the route, signs indicate the gradient in promille, with the corresponding route length in metres.

30-40 ‰ auskommen, zu den steilsten Normalspurstrecken Österreichs zählt die Mühlkreisbahn mit 46 ‰ Maximalsteigung.

Die Firma Siemens & Halske, die 1879 auf der Berliner Gewerbeausstellung eine kleine elektrische Lokomotive präsentiert hatte und der seinerzeit auf dem Gebiet der Elektrotechnik eine Vorreiterrolle zukam, stellte 1892 eingehende Untersuchungen über die größtmögliche Steigung bei Straßenbahnen an. Man kam zu dem Ergebnis, dass ohne Anhängelast Steigungen bis zu 96 ‰ zu befahren sind, ein Wert, der später noch auf 112 ‰ gesteigert werden konnte. Interessant war dabei, dass es wohl bergauf noch etwas steiler hätte sein können, aber bei der Talfahrt, wenn jede Steigung zum Gefälle wird, Probleme bei der Bremsung entstanden. Bei fest gebremsten, also stillstehenden Rädern, kam der Triebwagen ins Gleiten und rutschte wie ein Schlitten unkontrolliert ab. So musste bei „Steilbahnen“ den anzuwendenden Bremssystemen besonderes Augenmerk geschenkt werden – auf unserer Pöstlingbergbahn sollte die zusätzliche „Zangenbremse“ größtmögliche Sicherheit garantieren.

Für steile Strecken, wenn die Reibungskraft nicht ausreicht, gelangen Hilfsmittel zur Anwendung. Bei Standseilbahnen werden die Wagen an Drahtseilen aufgezogen und abgelassen, Zahnradstrecken sind nicht auf die Adhäsion angewiesen, weil Antriebsräder in eine gezahnte Schiene zwischen den eigentlichen Fahrschienen eingreifen können. Wie bereits angemerkt, lag auch für die Pöstlingbergbahn ursprünglich das Projekt einer Zahnradbahn vor.

Was nun den Rekord der Pöstlingbergbahn, „die steilste Adhäsionsbahn Europas“ zu sein, anbelangt, so liegt eine Untersuchung von Georg Dauster, der als Ingenieur beim Bahnbau beteiligt war, vor. Dauster, bis ins hohe Alter im Straßenbahnwesen tätig, übermittelte 1961 aus Kassel, wo er zuletzt bei den dortigen Verkehrsbetrieben arbeitete, ein „Exposé“ an den Generaldirektor der ESG, Dipl.-Ing. Mayrhofer. Er untersuchte sämtliche in Europa in den Jahren 1892 bis 1900 entstandenen 429 elektrischen Straßenbahnen, die auf 14 Staaten verteilt waren und filterte 10 Betriebe heraus, in denen längere Steigungen über 100 ‰ vorkommen. Allerdings wird zugestanden, dass es auf einigen Strecken auch größere, aber nur sehr kurze Steigungen gibt. Bei der Pöstlingbergbahn war zu berücksichtigen, dass die Neigung von 105 ‰ praktisch auf der gesamten Strecke, mit Ausnahme der Ausweichen, beibehalten, ja in kurzen Abschnitten sogar noch überschritten wurde.

the steepest standard-gauge railways is the Mühlkreisbahn with a maximum gradient of 46 ‰.

In 1879, Siemens & Halske, a pioneer in electrical engineering, presented a small electric locomotive at the Berlin Trade Fair; in 1892 they carried out extensive tests to find out the maximum gradient for tramways. The results showed that, without any trailers, routes with a 96 ‰ slope would be feasible; this value was later increased to 112 ‰. It is interesting to point out that even steeper routes would have been possible on the upward journey, but that problems with braking systems might have been the primary obstacle on the downhill journey: even standing vehicles with fastened

Zwischen Oberschableder und Einschnitt fährt der Triebwagen 503 am 27.7.2009 talwärts.
Car no. 503 on a downhill journey between Oberschableder and Einschnitt (27 July 2009)

Unten: Übersichtslängenschnitt der Bergstrecke, es zeigt die Neigung des Streckenverlaufs (km 0,0 Bergstation, km 2,8 Gleiskreuzung mit der Mühlkreisbahn).
Below: Gradient diagram of the mountain route (km 0.0 mountain terminus, km 2.8 intersection with the Mühlkreisbahn)

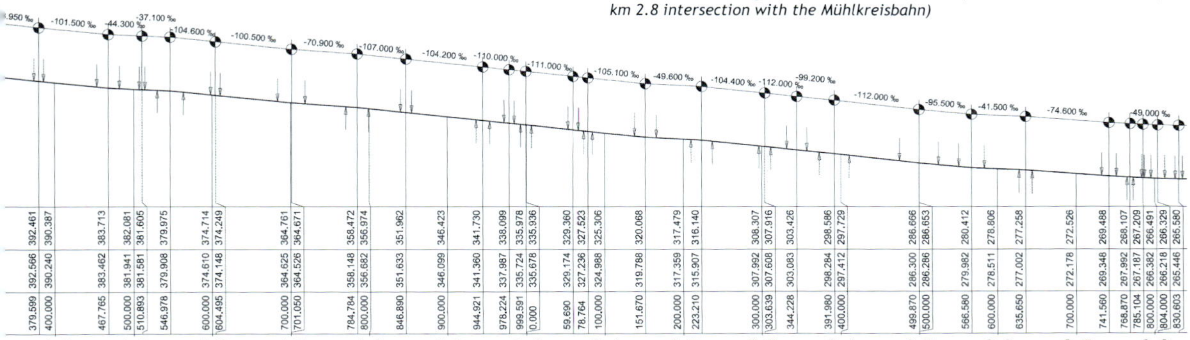

In herrlicher Winterlandschaft schlängelt sich der Triebwagen XI zur Haltestelle Schableder (23.12.2001).
Motor car no. XI winds its way up to the stop called Schableder on a nice winter day (23 Dec 2001).

In der Literatur, so merkt Dauster an, wurde die Straßenbahn von Le Havre, mit einer 765 m langen Tunnelstrecke, in der bis zu 115 ‰ Neigung erreicht wurden, als steilste Adhäsionsbahn Europas geführt. Diese Strecke wurde bereits 1941 eingestellt, ein Vergleich mit der Pöstlingbergbahn scheint unzulässig, weil in Le Havre die Maximalsteigung nur in einem relativen kurzen Teilstück erreicht wurde. Vor diesem Hintergrund müssen auch andere, „konkurrierende“ Steigungsangaben gesehen werden, etwa die Straßenbahn in Lissabon mit 135 ‰. Das bekannte „Guinness Buch der Rekorde“ anerkennt die Pöstlingbergbahn als „steilste Bahn mit Schienenhaftung“.

Auch nach der Revitalisierung gilt die Pöstlingbergbahn als steilste Straßenbahn Europas, an drei Streckenabschnitten beträgt die Höchstneigung 112 ‰. Beim Bau der Bergbahn wies das „Consortium für Errichtung von elektrischen Anlagen in Linz“ einst sehr viel Wagemut und Unternehmergeist auf, einerseits mit dem Betrieb einer solchen steigungsreichen Strecke ohne Zahnradsystem, andererseits steckte auch die elektrische Traktion noch in den Kinderschuhen. Jedenfalls kann man während einer Fahrt auf den Berg neben den landschaftlichen Eindrücken auch ein Stückchen Technikgeschichte erleben und mit dabei sein, wenn die Triebwagen eine „Rekordsteigung“ bezwingen.

brakes would start sliding down the hill like a sledge. Additional braking devices had to be invented - in the case of the Pöstlingbergbahn, the clasp brake was installed to guarantee maximum safety.

For steep routes not manageable with normal friction, auxiliary devices had to be used: funiculars are pulled by strong cables; rack or cog railways are independent of adhesion as they climb mountains with the help of a cog wheel and toothed rack rail located between the actual rails. The Pöstlingbergbahn was also initially proposed to be a rack railway.

The statement that the Pöstlingbergbahn is ‘the steepest adhesion railway in Europe’ is based on a report published by the railway engineer Georg Dauster. In 1961, when he was working for the tramway in Kassel, Dauster informed the ESG General Director Dipl.-Ing. Mayrhofer that he had studied a total of 429 electric tramway systems in Europe, built between 1892 and 1900 and spread over 14 countries. He had identified ten systems which included gradients above 100 ‰, acknowledging that there were other systems with more severe gradients, but only on very short sections. In the case of the Pöstlingbergbahn, he pointed out that a gradient of 105 ‰ was found along the entire route, with the exception of the passing loops, and on some sections it was even more.

Many sources claimed the tramway of Le Havre, which had a 765 m tunnel with a gradient of up to 115 ‰, was the steepest adhesion railway in Europe. This route was closed down in 1941, but it cannot be compared to the Pöstlingbergbahn as the steep section was rather short. Similar arguments can also be raised against other ‘competing’ records like the Lisbon tramway, which has a maximum gradient of 135 ‰. The Guinness Book of Records recognises the Pöstlingbergbahn as the steepest adhesion railway.

Even after its revitalisation, the Pöstlingbergbahn remains the steepest tramway in Europe, with a maximum gradient of 112 ‰ on three sections. When the railway was built, the ‘Consortium für Errichtung von elektrischen Anlagen in Linz’ showed a great deal of audacity and enterprise: on the one hand, by not constructing such a steep line simply as a rack railway; and on the other hand, by choosing an electric power supply, which at that time was still in its infancy. A ride on the Pöstlingbergbahn thus provides not only a magnificent panorama, but also an insight into railway history.

108 ‰ Steigung zwischen Pöstlingberg Schlössl und der Bergstation (7.6.2009)
A gradient of 108 ‰, between Pöstlingberg Schlössl and the upper terminus (7 June 2009)

Seltene Spurweite 900 mm

Bei Einrichtung der elektrischen „Tramway“ entschied das „Consortium für Errichtung von elektrischen Anlagen in Linz“ die Spurweite von 900 mm der Pferdetramway beizubehalten, um Errichtungskosten zu sparen. Die heute seltene Spurweite geht auf die von Pferden benötigte Gangbreite (zwischen den Schienen) zurück, die je nach Pferderasse zwischen 400 und 900 mm betrug. Beim Bau der Pöstlingbergbahn erforderte die Ausstattung der Triebwagen mit stärkeren Motoren bzw. dessen größeres Volumen die Anlage in Meterspur. Zitat aus einer Rede von Baumeister Ritschl: „Wir kommen nun zum Betriebssystem der Bahn und deren Spurweite. Nachdem die Straßenbahn Linz-Urfahr im Allgemeinen keine bedeutende Steigung aufweist, so sind für den Betrieb derselben bei Beibehaltung der Spurweite von 0,90m (Pferdestraßenbahn) Motorwagen mit je einem Motor von 20 HP projectirt. Für die Bergbahn müssen jedoch bei der Steigung von 10,5 % Motorwagen mit je zwei bedeutend stärkeren Motoren angeschafft werden und ist mit Rücksicht auf die Größe dieser stark wirkenden Motoren auch die Spurweite der Motorwagen von mind. 1,0 m auszuführen.“

Während die Spurweite von 1000 mm ebenso wie die Normalspur (1435 mm) bei Straßenbahnen weite Verbreitung fand, ist die Spurweite von 900 mm nur noch in Linz und Lissabon (Portugal) vorzufinden. Über einen ähnlichen Schienenabstand verfügen beispielsweise die Straßenbahnen in Douglas (Insel Man, England) und Sóller (Insel Mallorca, Spanien), nämlich 914 mm.

Doch die Spurweite von 900 mm ist gar nicht so selten wie es den Anschein hat und zum Beispiel bei Schmalspurbahnen in Deutschland (Wachtl-Express in Kiefersfelden, Borkumer Kleinbahn, Bäderbahn Molli in Bad Doberan, Halligbahn Dagebüll – Oland – Langeneß, Rübenbahn Neubukow Ow – Blengow – Bastorf) zugegen. Auch die einst großen Kohlenreviere der „Rheinischen Braunkohlenwerke“ und „Mitteldeutschen Braunkohlengesellschaft“ besaßen Werkbahnen mit dieser Spurweite. Weit verbreitet ist die Spurweite von 900 mm bei Tunnelbaustellen. So auch am Westportal des im Bau befindlichen Wienerwaldtunnels in Niederösterreich. Dort entstand in den vergangenen Jahren eine Schmalspurbahnanlage, die im Endausbau eine größere Ausdehnung als das Linzer Straßenbahnnetz erreichte. Die Bahn diente während des Tunnelbaus für den Materialtransport, aber auch zur Beförderung der Bauarbeiter. In Eisenerz (Steiermark) blieb nach Schließung des Förderbahnbetriebes eine 1,4 km lange Grubenbahn vom Großbrecher II zum Schaubergwerk im untertägigen Schacht 12 eines einst 246 km umfassenden 900-mm-Netzes erhalten. Ein ehemaliger Mannschaftszug bringt die Besucher, ausgerüstet mit bergmännischer Schutzkleidung, in das Innere des Erzberges.

900-mm-Gleis mit Vignolschienen und Leitschiene (nächst Schableder)
900 mm-gauge track with Vignoles rails and guard rail (near Schableder)

The Unusual Track Gauge of 900 mm

When the 'Consortium für Errichtung von elektrischen Anlagen in Linz' introduced electric operation on the urban tramway system, they decided to keep costs down by maintaining the track gauge used by the horse-drawn tramcars. This rather unusual track gauge was derived from the width a horse needed to walk between the rails, which, depending on the race, was between 400 and 900 mm. In the case of the Pöstlingbergbahn, however, the more powerful and thus bigger motors made it necessary to increase the track gauge to 1000 mm. Building contractor Ritschl stated at that time: "Let's now deal with the operational system of the railway and its track gauge. As the tramway system of Linz-Urfahr generally has no significant gradients to negotiate, the horsetram's gauge of 0.90 m can be maintained, while a single motor of 20 HP will be sufficient. The mountain railway, however, has to negotiate slopes of 10.5 %, and therefore vehicles with two significantly stronger motors will have to be purchased; the size of these motors requires a track gauge of at least 1.0 m."

While metre-gauge and standard-gauge (1435 mm) tramway systems can be found all over the world, the narrow gauge of 900 mm has only survived on the tram networks of Linz and Lisbon (Portugal). A similar gauge of 914 mm exists in Douglas (Isle of Man, England) and Sóller (Majorca, Spain).

But the 900 mm gauge is not as unusual as it seems – for example, many narrow-gauge lines in Germany (Wachtl-Express in Kiefersfelden, Borkumer Kleinbahn, Bäderbahn Molli in Bad Doberan, Halligbahn Dagebüll-Oland-Langeneß, Rübenbahn Neubukow Ow–Blengow–Bastorf) use the same track gauge, which also used to be present on many former industrial railways like the 'Rheinische Braunkohlenwerke' and the 'Mitteldeutsche Braunkohlengesellschaft'; 900 mm gauge is also rather frequent on temporary railways in operation during tunnel construction, like, for example, at the western portal of the Wienerwald Tunnel now under construction in Lower Austria: in its final stage, the narrow-gauge railway system established there was bigger than the complete tramway system in Linz. Besides being used for the transport of construction material, it also carries workers in and out of the tunnel.

In a now-closed iron ore mine at Eisenerz (Styria), where a 900 mm gauge network with a total length of 246 km once existed, a 1.4 km pit railway between crusher no. 2 and a mining exhibition in shaft no. 12 remains as a tourist attraction. A former workers' train takes visitors, dressed in miners' clothes, inside the Erzberg [iron ore mountain].

Die ehemalige Talstation beherbergt heute ein kleines Museum.
The former lower terminus is now home to a small museum.

Der Museumswagen XII steht auf dem erhalten gebliebenen Meterspurgleis neben dem neuen Triebwagen 501 auf dem erneuerten Gleis.
Vintage car no. XII stands on the remaining metre-gauge track side by side with the new car no. 501 on the upgraded track.

Pöstlingbergbahn-Museum

Am 110. Jahrestag der Eröffnung der Pöstlingbergbahn öffnete erstmals das in der ehemaligen Talstation eingerichtete Pöstlingbergbahn-Museum. In den renovierten Räumen der 1899 errichteten Talstation „Bergbahnhof Urfahr" wird über die Geschichte und die Gegenwart der beliebten Bahn informiert. Moderne Präsentationstechniken und Original-Ausstellungsstücke bilden ein harmonisches Miteinander im historischen Gebäude. Der ehemalige Kassenraum wurde zu einem kleinen Kinosaal umgebaut, in dem die Besucher Wissenswertes über die alte und die neue Pöstlingbergbahn erfahren. An einem Fahrsimulator kann eine virtuelle Talfahrt nachempfunden werden, die durch das Betätigen eines originalen Fahrschalters beginnt.

Um für Interessierte auch in Zukunft ein Stück „Originalbergbahn 1898" zu sichern, blieb das nördliche Verbindungsgleis zwischen der Talstation und der Wagenabstellhalle einschließlich einer charakteristischen Schleppweiche im Originalzustand bestehen. Für kurze Fahrten stehen die Museumswagen I und XII zur Verfügung. Das Museum ist ganzjährig an Wochenenden (Samstag, Sonn- und Feiertag von 10.00 bis 16.00 Uhr) geöffnet, der Eintritt ist frei. Wochentags ist eine Besichtigung mit vorheriger Anmeldung möglich (für Gruppen ab 10 Personen). Anmeldung unter: sonderfahrten@linzag.at oder Tel. 0043 732 – 3400 7406

Pöstlingbergbahn Museum

The new Pöstlingbergbahn Museum, located in the former lower terminus, opened its doors for the first time on the 110th anniversary of the railway. The rooms of the station building, which was inaugurated in 1899 as 'Bergbahnhof Urfahr', now accommodate exhibits from the popular railway's past and present, which blend with modern presentation technologies in a historical atmosphere. The former vestibule was converted into a small cinema where films about the Pöstlingbergbahn are shown. By pushing an original lever, visitors can experience a downhill journey in a railway simulator. To preserve an original piece of the 'Pöstlingbergbahn anno 1898', the northern track between the terminus and the depot was left in place, including one of the typical stub switches. Cars no. I and XII are available for short journeys. The Museum is open from 10 a.m. to 4 p.m. every weekend and on public holidays and entrance is free. During the week, group visits (minimum 10 people) can be arranged (mail sonderfahrten@linzag.at or call 0043 732/3400-7406).

Rechts: Der Fahrsimulator wird mit originalem Fahrschalter, Bremskurbel und Handrad für die Betätigung der Zangenbremse bedient.
Unten: Im Museum ausgestellte originale Zangenbremse
Right: The simulator can be used with an original controller, braking crank and wheel for the clasp brake.
Below: Original clasp brake on display in the museum

LINZ

Straßenbahn | Tram
unterirdisch | underground
im Bau | under construction
geplant | planned
Pöstlingbergbahn
Obus | Trolleybus
Linzer Lokalbahn (LILO)
ÖBB Mühlkreisbahn
ÖBB übrige Strecken | other routes
2009 © Robert Schwandl
1 2
Universität
Ferdinand-Markl-Straße
St. Magdalena
Glaserstraße
Dornach
Schumpeter-straße
Gründberg
Harbachsiedlung
Harbach
Ontlstraße
Linke Brückenstraße
Peuerbachstraße
50
Pöstlingberg
Pöstlingberg Schlössl
Oberschableder
Einschnitt
Hoher Damm
Schableder
Aigen-Schlägl
Tiergarten
Hagen
1)
Mühlkreisbahnhof
Biegung
Wildberg-str.
Rudolfstraße
Spaz-gasse
Landgut-straße
3
50
Hauptplatz
46 Hafen
Garnisonstr.
1) Pöstlingbergbahn: Wagenhalle und Museum
Depot & Museum
Taubenmarkt
Mozartkreuzung
41 43 Hessenplatz
Bürgerstraße
Goethekreuzung
45 Stieglbauernstraße
46 Froschberg
45
Hauptbahnhof
3
Unionkreuzung
Herz-Jesu-Kirche
Francksträße
Bulgariplatz
Leonding
Untergaumberg
(Gaumberg)
Bus-Betriebshof | Bus Depot Oberfeldstraße
WIFI
St. Georgen/Gusen Summerau
Eferding
Straßfeld
Leonding Lokalbahn
Leonding
Wels Salzburg Passau
(Larnhauserweg)
VOEST-Alpine
Neue Welt
Donau
(Haag)
Scharlinz
Traun
(Poststraße)
Oedt
Wahringerstraße
(Meixnerkreuzung)
Wimmerstraße
Straßenbahn-Betriebshof
Tram Workshops Kleinmünchen
(Harterfeldsiedlung)
Remise Kleinmünchen
solarCity-Zentrum
solarCity
3
(Doblerholz)
Neufelderstraße
Weingartshof
Salzburger Str.
Dürerstraße
Simony-straße
2
Nettingsdorf
Dauphinestraße
Bahnhof Ebelsberg
Pichling See
Rädlerweg
Saporoshjestraße
Wegscheid
Auwiesen
1
Hillerstraße
Ebelsberg
Kaserne
St. Pölten Wien
Hauderweg
Traun
Ennsfeld
Wambacherstraße
41 Baintwiese
Edmund-Aigner-Straße
Hartheimer Straße
43 St. Martin
Selzthal Graz

Die Straßenbahn bildet die Lebensader in der Innenstadt und trägt wesentlich zur Belebung der Flaniermeile, der Landstraße, bei. Cityrunner 031 verlässt am 31.5.2009 die Haltestelle Taubenmarkt Richtung Süden.
The tramway is the backbone of the urban transport system and adds to the attractiveness of the city's main shopping artery Landstraße; on 31 May 2009, southbound Cityrunner no. 031 leaves the Taubenmarkt stop.

Die Straßenbahn in Linz

Das Linzer Straßenbahnnetz ist in den letzten vier Jahrzehnten, parallel zur Stadtentwicklung, kontinuierlich gewachsen. Mit der Anlage separierter Trassen und einem Beschleunigungsprogramm gelang es, die Reisegeschwindigkeit wesentlich zu erhöhen. Auch der Fuhrpark wurde stetig erneuert und besteht überwiegend aus Niederflurwagen. Das System umfasst drei Linien, die Linien 1 und 2 bilden die Hauptachse im Verkehrsnetz. Die beiden Linien führen von der im Norden der Stadt gelegenen Universität in das Stadtzentrum und weiter in den Süden, wo sich beide Linien trennen. Die Linie 1 erschließt den Stadtteil Auwiesen, die Linie 2 Ebelsberg und Pichling. Die Linie 3 ist eine Verstärkerlinie im Zentrum, die den Hauptbahnhof mit dem Mühlkreisbahnhof (und der früheren Talstation der Pöstlingbergbahn) verbindet. Das weitere Stadtgebiet erschließen die Linz Linien mit vier Obuslinien und 21 Autobuslinien. Mit 21,1 km Streckenlänge wirkt das Straßenbahnnetz gegenüber dem über 159 km weit reichenden Busnetz gering, die Straßenbahn befördert jedoch 60 % aller Fahrgäste.

The Linz Tram System

Over the last four decades, the network of the Linz tram system has been growing steadily, along with the city's expansion. Thanks to the construction of separate rights-of-way and other measures, the average travel speed has increased significantly. New rolling stock was purchased so that nowadays mostly low-floor vehicles are in service. The present network comprises three lines, with lines 1 and 2 forming the backbone of the entire transport system. Both lines start at the University, located in the north of the city, and run through the city centre before diverging in different directions in the south: line 1 continues to Auwiesen, and line 2 to Ebelsberg and Pichling. Line 3 can be seen rather as a reinforcement line in the city centre, connecting the city's main railway station [Hauptbahnhof] with the terminus of the Mühlkreisbahn in Urfahr (and the former terminus of the Pöstlingbergbahn). The rest of the city is served by four trolleybus and 21 bus lines, all operated by Linz Linien. With a total network length of just 21.1 km, the tram system seems rather small considering the 159 km of bus routes, but the trams carry 60 % of all passengers.

Am 1. Mai 2005 verkehrte 125 Jahre nach der Eröffnung der Pferdetramway wieder eine ebensolche durch das Stadtzentrum.
On 1 May 2005, 125 years after the first such pair had started regular service, a horse-pulled tram carriage was again on its way through the city centre.

_ Geschichte der Linzer Straßenbahn

Die Streckenführung der heutigen Linie 3 geht auf die am 1. Juli 1880 eröffnete Pferdetramway zurück, die zunächst vom Volksgarten nach Urfahr bis zum ehemaligen Bahnhof der Pferdeeisenbahn auf dem heutigen Hinsenkampplatz führte und schon bald an beiden Endpunkten zum Hauptbahnhof (damals „Westbahnhof") sowie zum Mühlkreisbahnhof erweitert wurde. Die Elektrifizierung der 3 km langen Pferdetramway bedeutete 1897 auch den Einstieg in die öffentliche Stromversorgung der Stadt Linz. Am 31. Juli 1897 fuhr die erste elektrische Straßenbahn durch Linz. Die Tramway führte in Urfahr noch weiter vom Mühlkreisbahnhof zur neu errichteten Wagenhalle.

Schon bald nach der Elektrifizierung wurde zur Erschließung der damals noch selbständigen Nachbargemeinden im Süden das Projekt einer Straßenbahn nach Ebelsberg in Angriff genommen. Im Jahre 1902 konnte die 5,8 km lange, vorerst eingleisige und weitgehend durch noch unbebautes Gebiet führende Strecke Blumau – Ebelsberg eröffnet werden. Die Endstation lag vor der hölzernen Traunbrücke in Kleinmünchen, so dass Ebelsberg eigentlich nur zu Fuß erreichbar war.

Auf Wunsch der Stadt Linz erfolgte 1914 aufgrund starker Bautätigkeit die Erschließung weiterer Stadtteile westlich und östlich der Landstraße. Die Querlinie führte zunächst von der Weißenwolffstraße zur Waldeggstraße und kreuzte die Nord-Südlinie bei der Mozartkreuzung. 1919 wurde sie im Osten bis zur Garnisonstraße verlängert, wo ehemalige Kasernen zu Wohnbauten umfunktioniert wurden. 1932 folgte eine kurze Verlängerung im Westen in die Handel-Mazzetti-Straße bis zu den Gleisen der Linzer Lokalbahn, die eine Weiterführung zum Hauptbahnhof verhinderten.

Zu Beginn des Ersten Weltkrieges vervierfachte sich die Fahrgastfrequenz, die Straßenbahn entwickelte sich zu einem Massenverkehrsmittel. Durch den ebenso steigenden Bahnverkehr kam es auf der Westbahnquerung infolge oft geschlossener Bahnschranken zu enormen Verspätungen, daraufhin errichtete man 1917 eine Umgehungsstrecke über die neu gebaute Unterführung bei der Friedhofstraße. Ab 1919 verkehrten im Abschnitt Blumau – Versorgungshaus (heute Haltestelle VOEST-Alpine) Einschubwagen, seither war die Kennzeichnung mit Liniensignalen notwendig: „B" für die Linie Bergbahnhof Urfahr – Hauptbahnhof, „E" für die Linie nach Ebelsberg, „V" für die Einschubkurse zum Versorgungshaus und „M" für die Querlinie.

Ab dem Jahr 1929 führte die Linie E über eine neu errichtete Traunbrücke auf den Fadingerplatz in Ebelsberg und endete dort an einer dreigleisigen Ausweiche, die gemeinsam mit der 1913 eröffneten und von Stern & Hafferl betriebenen Florianerbahn benützt wurde. Ein angedachter durchgehender Verkehr

_ *History of the Linz Tramway*

The present line 3 is a direct successor of the horse-tram line opened on 1 July 1880 between Volksgarten and the departure point of the horse-drawn railway to Bohemia on today's Hinsenkampplatz; soon after, extensions were added at both ends, to Hauptbahnhof [main railway station] (at that time called 'Westbahnhof') in the south, and to Mühlkreisbahnhof in the north. The electrification of the 3 km line in 1897 was the beginning of the electric era in Linz. The electric tramway was then extended beyond Mühlkreisbahnhof to reach the newly-built depot.

Shortly after electrification, a southern extension to Ebelsberg to link the formerly independent municipalities was proposed. In 1902, a 5.8 km route, initially mostly single-track, was opened from Blumau to Ebelsberg, running through largely undeveloped land. The terminus was actually located north of the wooden Traun Bridge, from where the town of Ebelsberg was only accessible on foot.

Following heavy construction in the areas east and west of the central Landstraße, a cross-city line opened in 1914 to link these new neighbourhoods. The new line, which initially ran between Weißenwolffstraße and Waldeggstraße, intersected with the existing north-south line at Mozartkreuzung. In 1919 it was extended eastwards to Garnisonstraße, where abandoned army barracks had been converted into new homes. A western extension followed in 1932 along Handel-Mazzetti-Straße up to the tracks of the 'Linzer Lokalbahn', from where it was impossible to continue to the city's central station.

At the beginning of World War I, ridership figures quadrupled and the tramway became a real mass transport system. Traffic on the mainline railway (Westbahn) was increasing too, though, and the frequently closed barriers at the level crossing caused severe delays, so a diversion route via the underpass on Friedhofstraße was brought into service in 1917. From 1919, extra trams were in operation on the section between Blumau and Versorgungshaus (now VOEST-Alpine), making it necessary to introduce line designations: <B> for the line Bergbahnhof Urfahr - Hauptbahnhof; <E> for the line to Ebelsberg; <V> for extra trams to Versorgungshaus; and <M> for the cross-city line.

From 1929, line E was finally able to cross the Traun River and continue to Fadingerplatz in Ebelsberg, where a 3-track terminus was available; this terminus was shared by the Florianerbahn, a local railway opened in 1913 and operated

Bequem konnte man 1898 von der Straßenbahn in die Bergbahn umsteigen und bereits das Ziel der Fahrt erkennen. Rechts das Gleis der Mühlkreisbahn. (Sammlung R. Schrempf)
In 1898, convenient transfer was provided between the urban tramway and the Pöstlingbergbahn, the destination of the latter being visible in the background; on the right is the Mühlkreisbahn track.

zwischen Urfahr und St. Florian scheiterte an den zu breiten Wagen der Florianerbahn. Eine Zeit lang verkehrten Linzer Wagen bei Veranstaltungen bis St. Florian, Beiwagen („Kurswagen") auch im Alltagsbetrieb. Auch gemeinsame Fahrscheine erleichterten schon damals die Benützung.

Als 1937 auch in der Wiener Straße eine Unterführung der Westbahn gebaut wurde, konnte die Umgehungsstrecke aufgelassen werden. Nach dem Anschluss an das Deutsche Reich mussten die Straßenbahnwagen an die deutschen Vorschriften (BOStrab) angepasst werden, 1938 wurde in Linz die Rechtsfahrordnung eingeführt.

Durch die Ansiedelung von Großindustrie wanderten zehntausende Menschen zu, mit dieser Bevölkerungsexplosion konnte das Verkehrsangebot kaum mithalten. Die Überfüllung der Wagen war zum Teil so groß, dass man sogar mit „Stehplatzwagen" (Wagen ohne Sitzbänke) vorübergehend Abhilfe suchte. 1942/43 wurde die Strecke Blumauerplatz – Neue Welt zweigleisig ausgebaut und in der Neuen Welt die erste Umkehrschleife im Linzer Straßenbahnnetz für die dorthin verlängerte Linie V errichtet. Material- wie auch Treibstoffknappheit führte 1944 zur Anlage der ersten Obuslinie vom Hessenplatz nach St. Martin, hiezu wurden gebrauchte Obusse aus Italien erworben. Als Industriestadt war Linz ab 1943 das Ziel schwerer Bombenangriffe: 3 km Schienen und 18 km Straßenbahnfahrleitung waren beschädigt. Nach Kriegsende dauerte es vier Monate, bis das gesamte Straßenbahnnetz wieder befahrbar war. Durch den Einmarsch der amerikanischen Truppen und die Übergabe Urfahrs an die russische Besatzungsmacht war Linz in zwei Teile getrennt. Eine Demarkationslinie im Verlauf der Donau übte auf der Nibelungenbrücke eine hemmende Wirkung auf den Straßenbahnverkehr aus. Alle Fahrgäste mussten aussteigen und zu Fuß durch die amerikanische und die sowjetische Kontrolle gehen. Die Straßenbahnen fuhren leer über die Brücke. Dieser leidvolle Zustand währte noch

by Stern & Hafferl. An initially proposed through operation from Urfahr to St. Florian was not possible due to the wider cars in service on the Florianerbahn. During special events, however, tramway vehicles continued to St. Florian, and for some time, trailers were even coupled onto Florianerbahn trains during regular service. Through tickets were also available.

When a new underpass under the Westbahn was built along Wiener Straße in 1937, the diversion route on Friedhofstraße was abandoned. With the Anschluss, Austria's incorporation into the German Reich in 1938, tram operation had to be made compatible with the BOStrab, the German Regulations for Tramway Operations, and right-hand traffic was imposed.

The foundation of heavy industry attracted tens of thousands of people to Linz, posing a real challenge for the existing transport infrastructure. Overcrowding became such a problem that even seatless trams were temporarily put into service. In 1942/43, the route between Blumau and Neue Welt was doubled, and the city's first terminal loop was built at Neue Welt, which was now used by the extended line V. Shortage in materials and fuel led to the introduction of the first trolleybus line from Hessenplatz to St. Martin, with second-hand trolleybuses purchased in Italy. Having become an important industrial city, Linz suffered severe air raids from 1943 onwards: a total of 3 km of rails and 18 km of overhead wiring were damaged. After World War II, it took four months to re-establish service on the entire network. Linz was eventually liberated by American troops, but Urfahr was soon transferred to the Russian occupation zone, so Linz became a divided city, with the Danube River acting as the borderline; the checkpoint established on the Nibelungen Bridge also made tram operation very complicated: all passengers had to get off the trams and pass the American and Russian controls on foot, while the empty trams continued from one side to

Bis zur Eröffnung der Nahverkehrsdrehscheibe Hauptbahnhof im Jahr 2004 war an der Blumau ein Umsteigeknoten zwischen Straßenbahn und Autobus, vor allem auf dem Weg vom und zum Hauptbahnhof. (1955, Sammlung K. Aberl)
Before the transportation hub opened at Hauptbahnhof in 2004, Blumau was an important interchange point for both tram and buses, especially to provide a link to the railway station.

bis 1953, nur die amerikanische Besatzungsmacht verzichtete bereits ab 1949 auf die Kontrolle.

Ab 1949 gelang es den in den Kriegsjahren überbeanspruchten Fuhrpark zu erneuern und zu modernisieren. Trotz größter Lieferschwierigkeiten der heimischen Industrie konnten 15 neue Triebwagen und 26 Beiwagen in Dienst gestellt werden. Weitere Fahrzeuge modernisierte die eigene Werkstätte. Es kamen Schienenbremse, elektrische Signalanlage, Scherenstromabnehmer, Vielfachkupplung und Dachwürfelsignal zum Einbau. Für den erweiterten Fuhrpark wurde in Kleinmünchen eine weitere Straßenbahnremise errichtet. Ab 1952 war die Linie M durchgehend zweigleisig befahrbar, jedoch nur für 2 m breite Wagen, weshalb die Linie stets mit älteren Triebwagen betrieben werden musste. Dieser Umstand wie auch der zunehmende Autoverkehr brachte im Jahr 1968 das Ende für die Linie M, die ESG konnte alle noch vor dem Ersten Weltkrieg beschafften Triebwagen ausmustern. Trotz dieser Stilllegung bedeutete das Jahr 1968 keineswegs den Anfang vom Ende der Linzer Straßenbahn. Im Gegenteil, in diesem Jahr bestellte die ESG bei den Lohnerwerken in Wien die ersten Gelenktriebwagen und leitete damit die Modernisierung der Straßenbahn ein. Für deren Einsatz entstanden neue Umkehrschleifen, in Urfahr die Schleife Sonnensteinstraße und in Kleinmünchen die Schleife Spinnereistraße. Da die Einrichtungsgelenktriebwagen nicht bis Ebelsberg durchfahren konnten, stellte ein Pendeltriebwagen den Anschluss her. Beim Neubau der Traunbrücke fand die Straßenbahntrasse (für die nächsten 28 Jahre) keine Berücksichtigung, ab Ende 1973 verkehrte eine Autobuslinie von Kleinmünchen nach Ebelsberg. Kurz darauf musste auch die Florianerbahn dem Ausbau der Bundesstraße weichen.

Die Straßenbahnlinien werden seit 1974 anstelle von Buchstaben mit Nummern bezeichnet, die Linie E mit 1 und die Linie B mit 3 sowie das Signal 2 bis 1985 für verkürzte Fahrten. 1974 erfolgte die Umstellung auf schaffnerlosen Betrieb, an den Haltestellen wurden Fahrscheinautomaten aufgestellt.

Mitte der siebziger Jahre stellte die Straßenbahn in Linz im Vergleich zu anderen Verkehrsbetrieben eine Vorreiterrolle dar. Die starke Wohnbautätigkeit in den nördlichen Stadtteilen von Linz und die Errichtung der Johannes-Kepler-Universität führten zum Bau einer 5,4 km langen Streckenverlängerung (Eröffnung 1977). Damit wurde in einer Zeit die Renaissance der Straßenbahn eingeleitet, in der anderswo zahlreiche Straßenbahnstrecken stillgelegt wurden. Vorbildlich waren die Separierung der Trasse und Anlage als Rasengleis, was eine mittlere Reisegeschwindigkeit von 21 km/h ermöglichte. Weitere Gleiserneuerungen und Neubaustrecken folgten diesem Muster. Der Bau von Gleisschleifen am Hauptbahnhof (1982) und am Bergbahnhof Urfahr (1983) machte auch auf der Linie 3 den Einsatz von Gelenktriebwagen möglich. Gleichzeitig wurde die Remise Urfahr aufgelassen und in Kleinmünchen neben der

Anlässlich des Jubiläums „100 Jahre elektrische Straßenbahn in Linz" pendelten die historischen Triebwagen 23 und 45 am 6.7.1997 zwischen der Remise Kleinmünchen und Auwiesen.

To celebrate the 100th anniversary of electric tramway operation in Linz, the historical tram cars no. 23 and 45 were in service between Remise Kleinmünchen (depot) and Auwiesen on 6 July 1997.

the other. This situation persisted until 1953, although the Americans had already renounced their inspections in 1949.

The renewal of the rolling stock, which had been severely put to the test during the War, began in 1949. Despite supply problems in the domestic industry, 15 new motorcars and 26 trailers were delivered. Other vehicles were modernised in the tram company's own workshops by adding rail brakes, an electric signalling system, a diamond-shaped pantograph, multiple-coupling devices and a cube on the roof to display the line designation. A new depot was built at Kleinmünchen for the enlarged fleet. From 1952, line M was completely double-tracked, but as it was limited to the use of vehicles just 2 m wide, only older trams were able to run on it. This fact, as well as the increasing motor traffic, led to the closure of line M in 1968; the ESG then scrapped all pre-World War I vehicles. Fortunately, this line closure was not followed by the general abandonment of the tram system. Instead, that same year new articulated trams were ordered from Lohner in Vienna, which was the first step towards a real modernisation of the tram system in Linz. Terminal loops were built at Sonnensteinstraße in Urfahr and at Spinnereistraße in Kleinmünchen for the new cars. Being single-ended, they were not able to continue to Ebelsberg, so a shuttle line was introduced on the southern section. When a new bridge was built across the Traun River, the tram route was not taken into consideration (nor for the following 28 years), so from late 1973, a bus line had to replace the tram on the section between Kleinmünchen and Ebelsberg. Shortly after, the Florianerbahn also had to give way to the upgrading of the national road.

Since 1974, the tram lines have been identified by line numbers instead of letters; in that year, line E became line 1, line B became line 3, and the number 2 started being used for short workings, which it was until 1985. 1974 also saw the conversion to one-man operation without conductors, tickets now being available from vending machines at stops.

During the mid-1970s, the Linz tramway was a real pioneer compared to other tram operators: the heavy construction of new homes in the northern parts of Linz, as well as the foundation of the Johannes-Kepler-Universität, led to a 5.4 km

Auf der Fahrt nach Kleinmünchen verlässt der Triebwagen 2 die Endstation Ebelsberg und überfährt die Traunbrücke. (1973, Foto: P. Sutter, Archiv Tramclub Basel)

On its way to Kleinmünchen, tram car no. 2 crosses the bridge across the Traun River after having left the Ebelsberg terminus (1973).

Als am 4.9.1972 der achtachsige Gelenktriebwagen 88 die südlich der Dreifaltigkeitssäule gelegene Haltestelle am Hauptplatz erreicht, war der Hauptplatz noch vom Autoverkehr beherrscht. (Foto: P. Sutter, Archiv Tramclub Basel)
On 4 Sept 1972, when the square was still the domain of the private car, 8-axle articulated car no. 88 stops at Hauptplatz; the stop was then still located to the south of the Trinity Column.

Die zehnachsigen Gelenktriebwagen 68-79 (im Bild überquert Triebwagen 75 am 1.8.2008 den Hauptplatz) wurden 2008 nach Lieferung weiterer 12 Niederflurwagen ausgemustert.
The 10-axle articulated cars no. 68-79 (here car no. 75 at Hauptplatz on 1 Aug 2008) were withdrawn in 2008 following the delivery of a further 12 low-floor cars.

bestehenden Wagenhalle eine neue Werkstätte und Abstellhalle errichtet. Als nächste Netzerweiterung folgte 1985 die Eröffnung der 1,5 km langen Neubaustrecke von Kleinmünchen in den neu entstandenen Stadtteil Auwiesen. 1986 lösten zehnachsige Gelenktriebwagen die letzten Zweiachser ab.

Ab 1995 wurde das Linzer Beschleunigungsprogramm „LIBE" in Angriff genommen, es bewirkte geringere Reisezeiten durch die Bevorrangung an Verkehrsampeln und umfassendere Kundeninformation durch die Aufstellung dynamischer Haltestellenanzeigen.

Die rege Wohnbautätigkeit in den südlichen Stadtteilen führte zur Wiedererrichtung der Straßenbahn nach Ebelsberg. Im historischen Ortskern wurden die Gleise der 3,6 km langen Neubaustrecke aufgrund der beengten Platzverhältnisse auf einer Länge von 350 m ineinander verschwenkt (Vierschienengleis). Jeder zweite Wagen der Linie 1 fährt seit Frühjahr 2002, gekennzeichnet als Linie 2, nach Ebelsberg.

Mit der Eröffnung des neu errichteten Hauptbahnhofs, des angrenzenden Busterminals, der unterirdischen Heranführung der Straßenbahn und der Einbindung der Linzer Lokalbahn entstand im Jahr 2004 eine Nahverkehrsdrehscheibe mit kurzen Umsteigewegen. Die Straßenbahnlinien 1 und 2 führten früher in einer Entfernung von rund 500 m am Hauptbahnhof vorbei, der Hauptbahnhof war nur durch Umsteigen in die Linie 3 erreichbar. Die 1,9 km lange unterirdische Neubaustrecke beginnt am Bulgariplatz und mündet an der Haltestelle Goethekreuzung wieder in die bestehende Trasse. Trotz längerer Fahrstrecke blieben die Fahrzeiten der Linien 1 und 2 gleich. Die drei neu errichteten Stationen (Herz Jesu Kirche in Tieflage, Unionkreuzung und Hauptbahnhof unterirdisch) sind großzügig und hell gestaltet sowie behindertengerecht ausgestattet. Vor und nach der Haltestelle Hauptbahnhof wurden eingleisige Wendeschleifen errichtet, einerseits zum Wenden für die Linie 3 sowie in der Gegenrichtung zum Wenden bei Streckenunterbrechungen. Die Trassenführung weist typische Merkmale einer Straßenbahnstrecke auf, doch sind Sicherheitsstandards und Ausstattungen der Haltestellen durchaus mit einer U-Bahn vergleichbar. Die Gleise sind in Beton eingebettet, dadurch können Einsatzfahrzeuge den Tunnel befahren.

Seit 2005 fährt die Linie 2 von der bisherigen Endstation Hillerstraße 2,3 km weiter in die solarCity Pichling, der neu entstandene Stadtteil ist nun attraktiv mit der Innenstadt verbunden. An der Haltestelle Bahnhof Ebelsberg besteht eine weitere Verknüpfung zu den ÖBB-Zügen. Eine dritte Ausbaustufe sieht die Weiterführung der Linie 2 zum neuen Nahverkehrs-

tram extension, which was opened in 1977. At a time when other cities were abandoning their tramway systems, Linz was reinforcing the role of its urban rail system. The new route was mostly separate from road traffic and the trackbed was covered with grass, resulting in an average travel speed of 21 km/h. The later upgrading of existing sections and building of new extensions followed this example. The construction of loops at Hauptbahnhof (1982) and Bergbahnhof Urfahr (1983) allowed the introduction of modern articulated trams on line 3, too. At the same time, the depot in Urfahr was closed and a new workshop and depot were built adjacent to the existing facilities at Kleinmünchen. In the next step, the southern route was extended by 1.5 km from Kleinmünchen to a new neighbourhood called Auwiesen. In 1986, 10-axle articulated trams replaced the last 2-axle vehicles.

In 1995, the acceleration scheme 'LIBE' was launched, resulting in shorter travel times due to priority given at traffic lights, and improving passenger information through new dynamic displays at stops.

The creation of new neighbourhoods at the southern end of the city eventually brought the tram back to Ebelsberg in spring 2002. Through the old town centre, the tracks were interlaced (4-rail track) over a 350 m stretch due to the

1986 lösten 16 zehnachsige Gelenktriebwagen die letzten Zweiachser ab. Triebwagen 53 überquert am 11.7.2009 die Nibelungenbrücke, im Hintergrund ist das Ars Electronica Center und die Pfarrkirche Urfahr abgebildet.
The last two-axle vehicles were replaced in 1986 by 16 ten-axle articulated cars. No. 53 crosses the Nibelungen Bridge on 11 July 2009, with the Ars Electronica Center and the Urfahr Parish Church in the background.

Ab den 1970er-Jahren wurden soweit wie möglich Rasengleistrassen angelegt, wie auf dem Bild in St. Magdalena.
Since the 1970s, tram routes have been covered with grass where possible, like here at St. Magdalena.

knoten Pichling See vor, die Trassenführung wurde mit einem Gemeinderatsbeschluss gesichert. Der Standort Pichling See ermöglicht die Anlage eines Umsteigeknotens zwischen Bahn, Straßenbahn, Bus und PKW (Park & Ride-Anlage).

In einer vom Land Oberösterreich in Auftrag gegebenen Systemstudie zum Nahverkehrsprogramm im Großraum Linz wurde 1999 die Realisierung einer Straßenbahnlinie vom Hauptbahnhof nach Traun zur Aufschließung der stark expandierenden Siedlungsgebiete südwestlich von Linz empfohlen. Zehn Jahre später begannen die Linz Linien mit der Errichtung des ersten Abschnitts vom Hauptbahnhof in die Nachbarstadt Leonding. Im Endausbau wird die Straßenbahnlinie 3 weiter über Pasching, Traun und Ansfelden bis nach Nettingsdorf führen. Die 5,3 km lange Neubaustrecke wird im ersten Streckenteil ab der Nahverkehrsdrehscheibe Hauptbahnhof 1,3 km unterirdisch verlaufen und bis zur ersten Haltestelle „Untergaumberg" (bereits auf Leondinger Gemeindegebiet) an das Straßenniveau herangeführt. Nach Passieren der Siedlung Harter Plateau und insgesamt acht neuen Haltestellen wird die vorläufige Endschleife beim Weingartshof erreicht, an der auch eine neue Wagenhalle errichtet wird.

Gegenwärtig planen die Linz Linien an einer zweiten Straßenbahnachse zwischen Hauptbahnhof und Urfahr, welche die neuen Wachstumsgebiete im Osten von Linz sowie zahlreiche höhere Schulen und Krankenhäuser erschließen soll. 5 km der 6 km langen innerstädtischen Strecke verlaufen unterirdisch. In weiterer Folge ist vorgesehen, die Straßenbahn auf neuer Trasse als Regional-Straßenbahn nach Gallneukirchen weiterzuführen. Neben der Erschließung des östlichen Stadtzentrums mit einer zweiten Schienenachse bestünde rund um Linz der Bedarf an der Errichtung von Park & Ride-Anlagen.

restricted space available. The total length of the extension was 3.6 km; it is actually served by every other line 1 tram, although now labelled as line 2.

A major transport hub was created in 2004 with the opening of the completely rebuilt central station, the adjacent bus terminal, the underground route for the tram, as well as the incorporation of the Linzer Lokalbahn. Formerly, lines 1 and 2 had missed the central station by some 500 m, and passengers had had to transfer to line 3 to get there. The 1.9 km underground section starts at Goethekreuzung and rejoins the existing route at Bulgariplatz. Despite the longer route, travel times on lines 1 and 2 remained the same. The three new stations (Herz-Jesu-Kirche in an open cutting, Unionkreuzung and Hauptbahnhof underground) have a spacious and friendly appearance and are fully accessible. On either side of Hauptbahnhof station there are turning loops, the southern one being used by terminating line 3 trams, and the northern one in the event of disruptions on the route through the city centre. While the tunnel section has a typical tramway alignment, the safety standards as well as the station equipment are comparable to those of a metro system. The tracks are embedded in a concrete surface, which enables emergency vehicles to enter the tunnel, too.

In 2005, line 2 was further extended by 2.3 km from its 2002 terminus at Hillerstraße to a new neighbourhood called solarCity Pichling, which was thus directly linked to the city centre. Transfer is provided to ÖBB local trains at Ebelsberg station. In the third stage, line 2 is to reach the transport hub at Pichling See, the alignment for this extension having already been approved by the city council. The location of the new terminus will allow the integration of rail, tram and bus services, along with a park-and-ride facility for private cars.

Am südlichen Ende der 2004 eröffneten Tunnelstrecke befindet sich die nach oben hin offene Haltestelle Herz-Jesu-Kirche.
Herz-Jesu-Kirche station lies at the southern end of the underground section opened in 2004 and was left uncovered.

_ Betrieb heute

Die Linien 1 und 2 verkehren wochentags (Montag – Freitag an Schultagen) im 10-Minuten-Intervall, das ergibt zwischen Universität und der Haltestelle Simonystraße ein dichtes Intervall von 5 Minuten. Im Frühverkehr und am späteren Nachmittag wird das Intervall beider Linien auf 7½ Minuten verdichtet. Die Linie 3 fügt sich dazwischen ein und verkehrt in einem unregelmäßigen Takt zwischen 6 und 9 Minuten. Am Wochenende und abends wird das Intervall aller Linien ausgedünnt. Mit Änderung des Betriebskonzeptes und der Beschaffung von Einrichtungs- statt Zweirichtungswagen ab den 1970er-Jahren verlor die Straßenbahn an Flexibilität. Bei Veranstaltungen in der Innenstadt, also dann wenn große Fahrgastmengen zu transportieren sind, ist die Hauptverkehrsachse zweigeteilt. Von Auhof kommend wenden die Wagen dann in der Schleife Sonnensteinstraße, von Auwiesen und solarCity kommend am Hauptbahnhof, dort wie da weit weg vom Stadtzentrum bzw. Veranstaltungsort. Zwischen Hauptbahnhof und Urfahr wird ein Schienenersatzverkehr mit Autobussen eingerichtet, auch für die dann eingestellte Linie 3. Früher waren am Hauptplatz und an der Mozartkreuzung Gleiswechsel vorhanden, an denen mit Zweirichtungswagen das Wenden im Stadtzentrum möglich war. Heute fehlen zentrumsnähere Wendemöglichkeiten bzw. eine Ausweichroute.

Gegenwärtig sind die Verkehrsbetriebe Linz Linien im österreichischen Vergleich in vielen Belangen federführend. Fast alle Haltestellen wurden mit modernen, einsehbaren Haltestellenüberdachungen und Fahrscheinautomaten, die auch den Erwerb von OÖVV-Fahrscheinen (Oberösterreichischer Verkehrsverbund) ermöglichen, ausgestattet. Die Gleistrassen sind weitgehend separiert vom Individualverkehr, nur die Abschnitte Goethekreuzung – Bismarckstraße und Rudolfstraße – Landgutstraße verlaufen straßenbündig. Mit „LIBE“, das Linzer Beschleunigungsprogramm, konnten die Fahrzeiten auf

In 1999, a study commissioned by the government of Upper Austria to analyse transport needs in the Linz metropolitan area recommended the realisation of a tramway line from the central station to Traun to serve the expanding neighbourhoods southwest of Linz. Ten years later, construction began on the first section between Hauptbahnhof and the neighbouring town of Leonding. In the later stages, line 3 will be extended to Nettingsdorf via Pasching, Traun and Ansfelden. The initial 5.3 km route will run underground for 1.3 km from Hauptbahnhof to a point before the first stop 'Untergaumberg', already located within the Leonding municipal boundaries. After passing through the Harter Plateau neighbourhood and serving a total of eight new stops, line 3 will temporarily terminate in a loop at Weingartshof, where a new depot will also be built.

At present, Linz Linien is also engaged in the planning of a second route between Hauptbahnhof and Urfahr to improve services in the eastern parts of the city, which are growing rapidly and where several schools and hospitals are located; 5 of a the total 6 km is to be built underground. In a later stage, the trams are planned to continue their journey on a new route to Gallneukirchen in the form of a 'Regional-Straßenbahn'. Besides this eastern rail corridor, the construction of several park-and-ride facilities in the area around Linz is required.

_ Tram Operation Today

On weekdays (Mon-Fri during school term), lines 1 and 2 operate every 10 minutes, which results in a tram every 5 minutes between Universität and Simonystraße. During morning and afternoon peak hours, the headway is reduced to 7½ minutes. Line 3 runs more irregularly, every 6-9 minutes. At weekends and in the evenings, the waiting time between trams is longer. With the choice of single-ended cars in the 1970s, the tram

allen Linien verkürzt werden. Das elektronische Betriebsleitsystem erfasst alle aktuellen Standorte von Straßenbahnen und Bussen, informiert die Fahrer über nötige Korrekturmaßnahmen und beeinflusst viele Verkehrsampeln. Zudem zeigen an Haltestellen dynamische Anzeigen die verbleibende Wartezeit in Minuten der jeweiligen Linien an. Die Anzeigen werden über einen eigenen Funkkanal von der Leitstelle mit aktuellen Daten versorgt und bei Auftreten von Fahrplanabweichungen entsprechend korrigiert. Bei Betriebsstörungen kann die Leitzentrale aktuelle Texte anzeigen. Ab 2004 wurden zudem einige Haltestellen mit elektronischer Sprachausgabe zur Fahrgastinformation für blinde Menschen ausgestattet. 2009 wurde mit der Installation eines neuen, effizienteren Betriebsleitsystems sowie moderner Bordsysteme für die Fahrzeuge begonnen. Die Straßenbahn verkehrt von 4 Uhr morgens bis kurz nach Mitternacht. Seit 1987 ergänzt das Anruf-Sammeltaxi „AST" das Angebot in den Abend- und Nachtstunden. Im März 2009 richteten die Linz Linien an Wochenenden ein vier Linien umfassendes Nachtliniennetz ein, die Linie 1 fährt als Linie N1 in der bisher verkehrsfreien Zeit (jeweils Freitagabend, Samstagabend und vor Feiertagen) im Halbstundentakt.

Die Linz Linien verfügen über ein einfach strukturiertes Tarifsystem, wofür an den Automaten drei Tasten ausreichen: Mini – Midi – Maxi. Die Mini-Fahrkarte (Kurzstreckenfahrt für bis zu vier Folgehaltestellen sowie Kinderfahrschein) kostet € 0,90, die Midi-Fahrkarte (Einzelfahrt, sowie Kinder-Tageskarte) kostet € 1,80, der Maxi-Fahrschein (Tagesnetzkarte) € 3,60. Im Hinblick auf die Ausrichtung der Veranstaltung „Kulturhauptstadt Europas" wurde ein 24-Stunden-Ticket um € 4,20 eingeführt.

Die Linz AG Linien verfügen über 33 Niederflur-Triebwagen vom Typ Flexity Outlook (Nr. 001-033, Bombardier/Elin, Baujahr 2001-2008), welche den Fahrzeugauslauf auf den Linien 1 und 2 stellen. Sechzehn zehnachsige Gelenktriebwagen (Nr. 41-56, Bombardier-Rotax/Siemens, Baujahr 1984-86) bedienen die Linie 3 und Einschubkurse auf den vorgenannten Linien. In den nächsten Jahren liefert Bombardier Transportation weitere 23 Niederflur-Triebwagen vom Typ Flexity Outlook. Sieben werden 2011 für die in Bau befindliche Verlängerung der Linie 3 nach Leonding benötigt. Weitere 16 lösen die zehnachsigen Gelenktriebwagen 41-56 bis ins Jahr 2013 ab. An Arbeitsfahrzeugen steht ein zweiachsiger Triebwagen mit Schienenschleifeinrichtung, im Winter mit Schneepflügen zur Schneeräumung ausgestattet, im Bestand. Weiters verfügen die Verkehrsbetriebe über vier historische Triebwagen (und fünf Beiwagen), die nur sehr selten die Remise verlassen. Der älteste noch vorhandene Triebwagen der Straßenbahn (Nr. 23, Baujahr 1902) wurde letztmals im Frühjahr 2002 anlässlich der Wiedereröffnung der Straßenbahn nach Ebelsberg eingesetzt und danach an das österreichische Eisenbahnmuseum abgegeben, dort ist das historische Fahrzeug nicht zugänglich hinterstellt.

system lost some of its former flexibility. When there are special events in the city centre and a large number of passengers have to be carried, the tram's main route is divided, with trams coming from the University terminating at the Sonnensteinstraße loop, and those from Auwiesen and solarCity at the Hauptbahnhof loop, both a long walk from the city centre proper. Between Hauptbahnhof and Urfahr, replacement buses have to take over, as line 3 is then also out of service. In the old days, there were crossovers at Hauptplatz and Mozartkreuzung, where the double-ended vehicles were able to reverse; but at present, there is no reversing loop anywhere close to the city centre nor a diversionary route.

In the Austrian context, Linz Linien can be seen as a leading operating company. Almost all stops are equipped with modern, transparent canopies as well as ticket machines, which also sell tickets to any destination within the OÖVV (Oberösterreichischer Verkehrsverbund – Upper Austrian Fare System) area. Most tram sections are separate from road traffic, except for Goethekreuzung – Bismarckstraße and Rudolfstraße – Landgutstraße, where the trams share the roadway. With the help of the acceleration scheme LIBE, travel times have been reduced on all lines. An electronic control system is permanently updated on the position of each tram or bus, the drivers are subsequently given instructions, and traffic lights automatically give priority to public transport vehicles. At stops, dynamic displays show the remaining waiting time in minutes; these displays are fed with data from the control centre via a dedicated radio channel, and the information is updated accordingly should there be delays. Text messages can also be displayed from the control centre. Since 2004, some stops have been equipped with electronic voice announcements for the blind. The installation of a new and more efficient operating system and modern on-board equipment began in 2009.

The trams operate from 04:00 until just after midnight. Since 1987, the service has been complemented during late-night hours by the 'share-a-taxi' system. In March 2009, Linz Linien introduced a weekend nightowl network comprising four lines; it includes tram line 1, which on Friday and Saturday night, as well as the night before public holidays, continues to run every 30 minutes all night long.

Linz Linien offers a very easy-to-use fare system, which only needs three keys on the ticket machines: Mini – Midi – Maxi. Mini tickets are for short trips up to four stops, as well as being single tickets for children (€ 0,90); Midi tickets are standard single tickets as well as day passes for children (€ 1.80); and Maxi tickets are day tickets for anyone (€ 3.60). On the occasion of the 'European Capital of Culture' year, a 24-hour ticket available at € 4.20 was introduced.

At present, Linz Linien's tram fleet comprises 33 low-floor Flexity Outlook vehicles (No. 001-033, Bombardier/Elin, manufactured between 2001 and 2008), which are in service on lines 1 and 2, and 16 ten-axle articulated cars (No. 41-56, Bombardier-Rotax/Siemens, manufactured between 1984 and 1986) for line 3 and extra workings on lines 1 and 2. A further 23 low-floor Flexity Outlook vehicles will be delivered by Bombardier Transportation in the next years; seven of these are required for the new route to Leonding, while the rest were ordered to replace the 16 ten-axle articulated cars by 2013.

A two-axle vehicle is available for rail grinding, and in the winter for snow clearing, too. The tram company is in possession of four vintage tram vehicles, plus five trailers, but they very rarely leave the depot. The oldest tram car (No. 23, built in 1902) was last in service in spring 2002, when the route to Ebelsberg re-opened; it was then transferred to the Austrian Railway Museum, where it is stored, but not accessible.

Die Grafik von Bombardier zeigt das Design der 23 bestellten Fahrzeuge.
Bombardier's design for the 23 ordered vehicles

Vor der prächtigen Kulisse des Traunsteins und des Traunsees erklimmt der Triebwagen 100 die Steigung von 100 ‰.
With the impressive background of the Traunstein and the Traunsee, car no. 100 climbs a gradient of 100 ‰.

Die Gmundner Straßenbahn

Im Herzen der Region Salzkammergut liegt die Kur- und Tourismusstadt Gmunden, weit bekannt sind ihre Wahrzeichen, das „Seeschloß Ort", und die reizvolle Straßenbahn. Diese zählt mit einer Streckenlänge von 2,3 km und 5 Triebwagen zu den kleinsten, und wegen ihrer maximalen Steigung von 100 ‰ auch zu den steilsten adhäsionsbetriebenen Straßenbahnen der Welt. Die bemerkenswerte Steigung ist aber nicht die einzige Gemeinsamkeit, welche die Straßenbahn mit der rund 70 km entfernten Pöstlingbergbahn verbindet: Fährt doch seit 1995 in der Traunseestadt – bei den äußerst beliebten planmäßigen Nostalgiefahrten des Vereins Pro Gmundner Straßenbahn – der von der Pöstlingbergbahn übernommene Sommertriebwagen IV mit der stolzen Gmundner Nummer 100. Und dass die Pöstlingbergbahn schließlich doch als Adhäsionsbahn und nicht, wie ursprünglich konzipiert, als Zahnradbahn gebaut wurde, ist mit hoher Wahrscheinlichkeit auf die positiven Erfahrungen der Gmundner Elektrischen Lokalbahn, wie die Gmundner Straßenbahn früher hieß, zurückzuführen.

Noch eine wichtige Parallele gibt es: Während die Pöstlingbergbahn ihre durchgreifende Erneuerung samt Streckenverlängerung gerade erlebt, gelang es nach langem Kampf auch in Gmunden, die Infrastruktur der Straßenbahn nachhaltig zu sanieren und damit den Grundstein für deren weiteren Ausbau zu legen. Aktuellen Planungen zufolge entsteht in den nächsten Jahren mit dem Zusammenschluss der Straßenbahn und der Lokalbahn Gmunden – Vorchdorf (Traunseebahn) eine meterspurige Stadt-Regionalbahn von rund 18 km Länge.

The Tramway in Gmunden

The holiday resort Gmunden is located in the heart of the Salzkammergut region, and is famous both for its landmark 'Seeschloß Ort' – a small castle on an island in the Traunsee – and its charming tramway. With a total length of only 2.3 km and a fleet of only 5 vehicles, it is among the smallest tramway systems in the world, but with a maximum gradient of 10 %, it is also amongst the steepest of the adhesion tramways. The impressive gradient, however, is not the only connection between Gmunden's tramway and the Pöstlingbergbahn, which operates some 70 km northeast: since 1995, the Pöstlingbergbahn's open car no. IV has been providing regular journeys – now proudly numbered no. 100 – on Gmunden's tramway line; these journeys are organised by the association 'Pro Gmundner Straßenbahn'. And the fact that the Pöstlingbergbahn was eventually built as an adhesion railway rather than the initially planned rack railway is probably due to the positive experience enjoyed with the 'Gmundner Elektrische Lokalbahn', the former name of the present Gmunden tramway.

And there is yet another feature the two systems have in common: while the Pöstlingbergbahn has just undergone a complete overhaul, including an extension of its route, the infrastructure of the Gmunden tramway has also received a thorough upgrade, and after a long struggle, the first steps for its further expansion have even been taken. According to current plans, the tramway line will be linked to the local railway Gmunden – Vorchdorf (the Traunseebahn) to create an approximately 18 km metre-gauge regional light rail line.

_ Rückblick und Ausblick

Bis in das 19. Jahrhundert war Gmunden wichtiger Handelsplatz für das im Salzkammergut gewonnene Salz. Zu dessen Abtransport nach Böhmen wurde zwischen 1827 und 1836 die Pferdeeisenbahn Budweis – Linz – Gmunden errichtet, es war die erste öffentliche Eisenbahnlinie auf dem europäischen Festland. Ab 1871 führte die für Lokomotivbetrieb erneuerte Strecke zum neu erbauten Gmundner Seebahnhof, 1903 wurde sie auf Normalspur umgebaut.

Mit der Errichtung der Kronprinz-Rudolfs-Bahn (Salzkammergutbahn Attnang-Puchheim – Stainach-Irdning) erhielt Gmunden im Jahr 1877 einen weiteren Bahnanschluss. Es entstanden Pläne, den hoch oberhalb der Stadt gelegenen Bahnhof mit dem Zentrum zu verbinden, zunächst in Form einer Dampftramway. Aufgrund der befürchteten Rauchbelästigung und der zu überwindenden Steigung wurde das Projekt der Firma Stern & Hafferl 1893 zugunsten einer elektrischen Bahn abgeändert. In der unglaublich kurzen Zeit von nur acht Monaten zwischen dem Gemeinderatsbeschluss zum Bau der Bahn und ihrer Betriebseröffnung wurde die 2,53 km lange Strecke samt Kraftwerk und 3 Triebwagen gebaut und am 13. August 1894 eröffnet.

Schon 1895 sahen konkrete Pläne vor, das Umland von Gmunden mit gleichartigen elektrischen Bahnlinien zu erschließen. Zur Ausführung kam jedoch nur die 1912 eröffnete Lokalbahn Gmunden – Vorchdorf, bei deren Bau bereits der Zusammenschluss mit der Gmundner Straßenbahn (gleiche Spurweite, gleiches Stromsystem) vorgesehen war. Die damalige Situation beim noch einspurigen Trauntor und ein notwendiger Neubau der Traunbrücke verhinderten eine rasche Umsetzung. 1946 lebten die Planungen neuer Strecken wieder auf, um dann im Gefolge der Motorisierung für lange Zeit in Vergessenheit zu geraten. Seit 1975 endet die Straßenbahn nicht mehr im Zentrum der Stadt am Rathausplatz, sondern 230 m vorher am Franz-Josef-Platz. Diese mittlerweile als Fehler erkannte Streckenverkürzung zugunsten des Autoverkehrs führte zu einem lange andauernden Existenzkampf der kleinen Bahn, deren Weiterbestand wegen der ständig sinkenden Fahrgastzahlen aufgrund der Streckenverkürzung zunehmend in Frage gestellt wurde. Hier gelang es dem 1989 neu gegründeten Verein „Pro Gmundner Straßenbahn“ (insbesondere dessen Obmann Dipl.-Ing. Otfried Knoll) mit äußerstem Einsatz, ein Umdenken bei der Stadt und den Eigentümern der Straßenbahn (GEG,

An der Endstation Rathausplatz warten die Triebwagen 5 und 8 auf Schüler, die die Straßenbahn auf dem Weg zum Hauptbahnhof benützen.
(1972, Foto: P. Sutter, Archiv Tramclub Basel)
Tram cars no. 5 and 8 in 1972 waiting at the terminus Rathausplatz to transport students to the railway station.

Anlässlich der feierlichen Inbetriebnahme des Triebwagens 100 weilte auch der offene Beiwagen 101 der Klagenfurter Straßenbahn in Gmunden: Triebwagen 5 mit Beiwagen 101, dahinter die Triebwagen 100 und 8, aufgenommen am 1.7.1995 unterhalb der Haltestelle Tennisplatz.
On the occasion of the first day of service of car no. 100, Klagenfurt's open trailer 101 was on a visit to Gmunden. The photo shows car no. 5 with trailer no. 101, followed by cars no. 100 and 8 below the Tennisplatz stop on 1 July 1995.

_ *History and Future*

Until the 19th century, Gmunden was an important trading town for the salt mined in the Salzkammergut. For its transport to Bohemia, the horse-powered railway line Budweis (České Budějovice) – Linz – Gmunden was built between 1827 and 1836; this was the first public railway on the European mainland. In 1871, the line, which had meanwhile become loco-hauled, was diverted to the new Gmundner Seebahnhof, a railway station by the lake; and in 1903, the line was converted to standard gauge.

Another railway line reached Gmunden in 1877: the Kronprinz-Rudolfs-Bahn (Salzkammergutbahn Attnang-Puchheim – Stainach-Irdning). Soon there were plans to link this railway's Gmunden station, which was located a long way up from the town centre, by means of a steam tramway. Due to the expected nuisance caused by the smoke, and the significant gradient the trams would have to negotiate, the project, designed by the company Stern & Hafferl, was modified in 1893, and an electric railway was planned instead. In a record time of only eight months from the town council's approval to its opening, the 2.53 km line plus its power station and three vehicles were constructed, and the tramway line was inaugurated on 13 August 1894.

Similar electric railway lines into the surrounding region were already proposed in 1895, but eventually only the local railway line Gmunden – Vorchdorf (Traunseebahn) was brought into service in 1912. In provision for its connection with the Gmunden tramway line, it was built with the same track gauge and the same power supply system. At that time, however, the bottleneck at the Trauntor, as well as the required rebuilding of the bridge across the Traun River, prevented these plans from being realised in the short term. New plans for expansion came up in 1946, but they were soon shelved as motorised traffic began to increase. In 1975, the tramway line was even cut back from its original terminus on Rathausplatz, right in the town centre, to a point some 230 m further west at Franz-Josef-Platz. Now generally recognised as a bad decision, this shortening of the line was the direct cause for its continual struggle for survival due to ever-falling ridership figures. Thanks to the efforts of the association 'Pro Gmundner Straßenbahn', founded in 1989, and especially its chairman Dipl.-Ing. Otfried Knoll, the council's and owner's (GEG, now GEG Elektrobau GmbH) attitudes towards the

Triebwagen 9 fährt am 27.10.2006 in der Kaltenbrunerstraße ins Stadtzentrum. | *Car no. 9 heading for the town centre on Kaltenbrunerstraße on 27 Oct 2006.*

heute GEG Elektrobau GmbH.) nicht nur zu bewirken, sondern nachhaltig proaktiv zu gestalten (siehe http://www.gmundner-strassenbahn.at). Wichtige Schritte der vollständigen Reorganisation des Straßenbahnbetriebes waren die Einrichtung eines Taktfahrplans mit kurzen Umsteigezeiten zu den ÖBB-Zügen (1991), die taktmäßige Verknüpfung mit den Citybuslinien und gleichzeitig die Einbindung in den von der Stadt eingeführten Gmundner Verkehrsverbund (1993). Mehrere Vertragswerke und die bemerkenswerten Aktivitäten des Vereins sicherten in weiterer Folge den Fortbestand von „Gmundens steilstem Stolz". Immerhin war es 1990 auch gelungen, die Endstation der Lokalbahn von Gmunden-Traundorf stadtnäher in den von den ÖBB 1988 aufgegebenen Seebahnhof zu verlegen. Hiefür wurde die normalspurige ÖBB-Strecke auf weiteren rund 500 m elektrifiziert und für die meterspurige Lokalbahn das Dreischienengleis von Gmunden-Traundorf bis zum Seebahnhof verlängert. Die Fahrgastzahlen und die touristische Bedeutung der Traunseebahn stiegen damit deutlich an.

Alle weiteren Aktivitäten hatten nun die Erneuerung und Erweiterung der Straßenbahn zum Ziel. Eine im Auftrag des Landes Oberösterreich, der Stadt Gmunden sowie dem Betreiber Stern & Hafferl erstellte, vom Verein Pro Gmundner Straßenbahn ständig begleitete Gesamtstudie über die möglichen Ausbauvarianten der Straßenbahn kam im Jahr 2002 zu dem Ergebnis, dass vorrangig die Sanierung der Bestandsstrecke, der Neubau einer Remise und die Beschaffung von Niederflurfahrzeugen erfolgen müssen, um in weiterer Folge die Verlängerungs- und Verknüpfungsprojekte in Angriff zu nehmen, insbesondere die Zusammenführung der Straßenbahn mit der Lokalbahn Gmunden – Vorchdorf. Faszinierend ist rückblickend die Einigkeit der Stadtgremien, 2003 erfolgte ein einstimmiger Beschluss im Gemeinderat zum Ausbau der Straßenbahn und zur Umsetzung der Projektziele! Als im Sommer 2003 acht Tage

tramway have changed, and the future of the line now looks much brighter (see www.gmundner-strassenbahn.at). Many steps have been taken to improve tram operation: in 1991, a regular-interval service started with a timetable coordinated with that of the ÖBB trains; in 1993, the tram was integrated into the timetable of the urban bus lines and the overall Gmunden fare system. Several contracts and many activities organised by the association finally ensured the survival of 'Gmunden's steepest pride'. And furthermore, the terminus of the local railway was relocated in 1990 from its former terminus at Gmunden-Traundorf to the Seebahnhof, which had been abandoned by the ÖBB in 1988. To do so, the ÖBB route had to be electrified over a stretch of 500 m, and the 3-rail track had to be extended from Gmunden-Traundorf into the Seebahnhof to carry the metre-gauge local railway. This extension led to an increase in passenger figures and the Traunseebahn's status as a tourist attraction.

All further activities were aimed at modernising and expanding the Gmunden tramway system. A study commissioned by the government of Upper Austria, the Gmunden town council and the operator Stern & Hafferl, and in permanent consultation with the association 'Pro Gmundner Straßenbahn', came to the conclusion in 2002 that the existing route should be upgraded, a new depot should be built and low-floor vehicles should be purchased before any expansion projects were realised, in particular the link between the tramway and the local railway Gmunden – Vorchdorf. In retrospect, the general consensus within the town council was rather amazing; in 2003, the positive decision on the tramway's future was taken by a unanimous vote! The temporary service during the summer of 2003 with a Combino low-floor tram borrowed from Nordhausen (Germany) reinforced the new positive attitude towards the tramway, and illustrated the advantages

Auf separierter Trasse fährt die Straßenbahn entlang der Esplanade, Triebwagen 10 am 14.9.2007 an der Haltestelle Bezirkshauptmannschaft.
A reserved lane is available for the tram along Esplanade; car no. 10 stops at Bezirkshauptmannschaft on 14 Sept 2007.

lang ein moderner Niederflur-Triebwagen vom Typ Combino leihweise aus Nordhausen zum Einsatz kam, gelang es, die Aufbruchstimmung gezielt zu verstärken und die Vorteile eines modernen Straßenbahnbetriebes zu veranschaulichen. „Gmundens Straßenbahnzukunft beginnt": Dieser Leitsatz prangte nicht nur in großen Lettern auf dem modernen Fahrzeug, sondern wurde in den folgenden Jahren zum Leitspruch der dichten Aktivitäten zum Ausbau der Straßenbahn. Es folgte die abschnittsweise Sanierung der Gleisanlagen, eine barrierefreie Gestaltung der Haltestellen und die Verstärkung der Stromversorgungs- und Fahrleitungsanlagen (Stromsystem: 600 V Gleichstrom). Das an der Haltestelle Tennisplatz neu errichtete Unterwerk stellt nun die Stromversorgung für die gesamte Strecke sicher.

Heute ist die mehr als hundertjährige Vision von einem ins Umland reichenden Straßenbahnnetz aktueller denn je. Nach Erneuerung der Bestandsstrecke gilt der Zusammenschluss der Straßenbahn mit der 15,3 km langen Lokalbahn nach Vorchdorf (Traunseebahn) als Hauptziel. Denn die Lokalbahn führt – dem Gelände stark angepasst, aber stets in siedlungsnaher Lage – über mehrere wachsende Ortschaften nach Vorchdorf (7.500 Einwohner). Mit ihrer kundennahen Betriebsführung befördert sie jährlich rund 350.000 Fahrgäste sicher und bequem nach Gmunden zur Schule, zum Einkaufen und in die Arbeit. Mit Bogenkorrekturen, Unterbausanierung und barrierefrei gestalteten Haltestellen wird gegenwärtig auch die Strecke der Lokalbahn ertüchtigt. Aber noch fehlen vom Seebahnhof zum Franz-Josef–Platz rund 700 m Strecke, um auch wirklich die Hauptziele in der Stadt Gmunden erreichen zu können. Das einreichfertige Projekt der zweigleisigen Verbindungsstrecke vom Franz-Josef-Platz über den Rathausplatz, durch das Trauntor, über die Traunbrücke und den Klosterplatz bis zur Einmündung in die Lokalbahnstrecke am Seebahnhof wurde 2008 fertig gestellt und der Bevölkerung präsentiert. Es bestätigt eindrucksvoll die Machbarkeit und Verkehrsverträglichkeit der Verbindungsstrecke. Bis 2012 soll es nun gelingen, die beiden von Stern & Hafferl gebauten und bis heute sehr kundennah betriebenen Bahnlinien zu verknüpfen und durchgehend mit neuen Niederflur-Triebwagen auszustatten.

Um dies den Fahrgästen anschaulich vor Augen zu führen, gelang es im Sommer 2008 abermals, die Vorzüge einer zeitgemäßen und komfortablen Niederflur-Straßenbahn im Echtbetrieb aufzuzeigen: Diesmal war für einige Wochen ein für beide Bahnen geeignetes Fahrzeug von den Innsbrucker Verkehrsbetrieben und Stubaitalbahn (IVB) gemietet und im Planverkehr eingesetzt worden. Mit dem Niederflur-Triebwagen vom Typ „Flexity Outlook" wurden zunächst die auf dem IVB-

of modern tram operation. Big letters on the state-of-the-art vehicle announced: 'The future of Gmunden's tramway has begun', a slogan which accompanied the many activities organised in the following years around the upgrading of the tramway line. In various stages, the existing track infrastructure was renewed, the stops were made fully accessible, and the power supply system (600 V dc) and overhead wiring were reinforced. A new substation built at the Tennisplatz stop now supplies power for the entire line.

The realisation of the idea born more than a 100 years ago of extending the tramway beyond the town borders is now more likely than ever before. After the upgrading of the existing route, the link between the tramway and the 15.3 km local railway to Vorchdorf (Traunseebahn) is the main objective for the future. The local railway runs close to the built-up areas, though with some curves due to the hilly terrain, and thus serves several villages on its way to Vorchdorf (9,500 inhabitants). Every year, it carries some 350,000 people going to work, school and shopping in Gmunden. At present, the local railway is being upgraded: curve radii are being improved, the trackbed is being renewed, and the stops are being made fully accessible. But about 700 m of new section is still needed to link Seebahnhof and Franz-Josef-Platz via Rathausplatz, the Trauntor, the bridge across the Traun River and Klosterplatz, and thus meet the main objective within the town of Gmunden. The detailed planning was concluded in 2008, when the project was presented to the public. Its feasibility and compatibility with other traffic needs were clearly demonstrated. In 2012, the two lines built and operated by Stern & Hafferl will therefore be linked and operated exclusively with low-floor light rail vehicles.

For several weeks in the summer of 2008, passengers were once again able to enjoy the advantages of the future operation when a Flexity Outlook low-floor tram was leased from 'Innsbrucker Verkehrsbetriebe und Stubaitalbahn' (IVB) to operate during regular service. Prior to that, test rides to receive authorisation to operate these cars at a speed of 70 km/h were carried out on the Traunseebahn, as these tests would not have been possible on the IVB network. Later, the vehicle was transported by road – the 700 m section between the two lines is still missing – to the Gmunden tramway line, where it was received by high-ranking politicians. It remained in service in Gmunden until early October 2008, when it was moved to its final destination in Innsbruck.

In the near future, the present station building at Gmunden-Seebahnhof will be demolished to allow the construction of a new hotel complex. With the perspective of the planned

An der Haltestelle Tennisplatz begegnen sich am 11.5.2008 (nach Fertigstellung der Sanierung der Infrastruktur) die Triebwagen 100 und 8.
At the newly refurbished Tennisplatz stop, cars no. 100 and 8 meet on 11 May 2008.

Triebwagen 10 biegt am 10.4.2009 von der Esplanade in die Kuferzeile ab.
On 10 April 2009, car no. 10 turns right from Esplanade into Kuferzeile.

Netz nicht möglichen Messfahrten für die Typengenehmigung mit 70 km/h zwischen Vorchdorf und Gmunden erfolgreich absolviert. Danach erfolgte der Einsatz im Planverkehr auf der Traunseebahn. Sodann wurde der Triebwagen zur Gmundner Straßenbahn überführt, auf dem Straßenweg – denn noch fehlen in Gmunden die ersehnten 700 m Gleis zwischen den beiden Bahnstrecken. Nach feierlicher Inbetriebnahme im Beisein höchster politischer Prominenz verkehrte der Niederflurwagen bis Anfang Oktober 2008 in Gmunden, ehe er seine neue Heimat Innsbruck ansteuerte.

Demnächst muss in Gmunden das Seebahnhof-Gebäude für das auf diesem Areal geplante Hotelprojekt weichen. Bereits im Hinblick auf den Zusammenschluss mit der Straßenbahn wird aber östlich der Traunsteinstraße eine dreigleisige Anlage als neuer provisorischer Endbahnhof entstehen, wovon zwei Gleise künftig stadteinwärts weiterführen werden. Eine neue und für beide Bahnen gemeinsame Wagenhalle soll im Bereich des Bahnhofs Engelhof errichtet werden.

_ Betrieb heute

Jährlich befördert die Straßenbahn in der rund 14.500 Einwohner zählenden Stadt Gmunden rund 310.000 Fahrgäste. Sie ist im OÖVV (Oberösterreichischer Verkehrsverbund) integriert, der Fahrpreis für eine Einzelfahrt beträgt € 1,70, eine Tagesnetzkarte kostet € 2,90.

Die Straßenbahn führt, bei einer Fahrzeit von 9 Minuten, vom Hauptbahnhof zunächst durch ein Gewerbegebiet zur Remise bei der ehemaligen Kraftstation, dann durch Wohn- und Villenviertel zu dem am nördlichen Ufer des Traunsees gelegenen Stadtzentrum. Besonders reizvoll sind die steigungsreiche Strecke, die Durchfahrt durch die enge Kuferzeile und der Abschnitt entlang der Uferpromenade. Die durchwegs eingleisige Bahnstrecke mit zwei Ausweichen überwindet einen Höhenunterschied von 61 m und ist zum Teil im öffentlichen Straßenraum, zum Teil auch auf eigenem Bahnkörper trassiert. Neben einer gewissen innerstädtischen Erschließungsfunktion besteht die Hauptaufgabe der Straßenbahn nach wie vor in der Anschlussbedienung der ÖBB-Züge, die die Grundauslastung sicherstellen. Diese Anschlüsse werden mit optimaler Übergangszeit (3-6 Minuten) hergestellt. Morgens und am Nachmittag sind an Werktagen zwei Triebwagen im 15-Minuten-Takt im Einsatz, tagsüber sowie an Wochenenden fährt ein Wagen im 30-Minuten-Takt. Alle sechs Zwischenhaltestellen werden nach Bedarf bedient, die Kreuzung der Züge bei Zweiwagenbetrieb erfolgt je nach Verspätungslage der ÖBB-Züge in den Ausweichen Gmundner Keramik oder Tennisplatz. Am Hauptbahnhof wird in der Regel die Ankunft der ÖBB-Züge abgewartet, der Fahrer meldet bei verspäteter Abfahrt über Funk die Verlegung des Kreuzungspunktes.

connection of the two rail lines, a new temporary 3-track terminus will be built on the eastern side of Traunsteinstraße, with two tracks ready to be extended into the town centre. At Engelhof station, a new shared depot will be established for both lines.

_ Present Operation

The Gmunden tramway carries some 310,000 passengers a year in a town of 14,500 inhabitants. It is integrated into the OÖVV (Oberösterreichischer Verkehrsverbund - Upper Austrian Fare System); a single ticket costs € 1.70, and a day ticket € 2.90.

Starting from Gmunden's Hauptbahnhof, the 9-minute journey first runs through a business estate before the trams reach the depot adjacent to the former power station; they continue through pleasant residential areas to reach the town centre, located on the north shore of the Traunsee. The most attractive sections are the impressive gradient, the run through the Kuferzeile, and the journey along the lakeside promenade. The route is completely single-track and has two passing loops; between the two termini there is a difference in altitude of 61 m; on some sections the tracks are embedded in the roadway, on others they are on a separate right-of-way. Besides its minor importance for trips downtown, its primary role is to provide a link between the town centre and the ÖBB train station; the timetable schedules 3 to 6 minutes to change between tram and train. In the morning and afternoon peak hours, two vehicles provide a 15-minute service, but during other times and at weekends, a single car operates only every 30 minutes. The six intermediate stops are served upon request. When two cars are in service, they meet at Gmundner Keramik or Tennisplatz, depending on the delays of the ÖBB trains. The trams normally wait for the arrival of the ÖBB trains, and if there are any delays, the driver communicates the passing point to the other driver via radio.

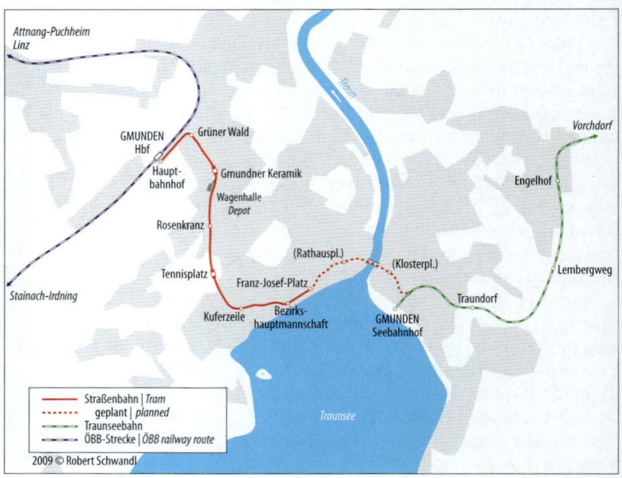

Die enge Kuferzeile passiert am 16.9.2008 der von den Innsbrucker Verkehrsbetrieben geliehene Triebwagen 305 (Flexity Outlook von Bombardier).
Innsbruck's car no. 305 (Bombardier's Flexity Outlook) passes through the narrow Kuferzeile on 16 September 2008.

_ Fahrzeuge der Gmundner Straßenbahn

Zur Betriebseröffnung im Jahr 1894 lieferte die Hofwagenfabrik Rohrbacher in Wien drei Triebwagen (mit Laufgestellen von der Bergischen Stahlindustrie in Remscheid und elektrischer Ausrüstung von der Union-Elektrizitätsgesellschaft in Berlin), ein Jahr später folgte ein vierter Wagen. Der Fuhrpark wurde in all den Jahrzehnten mit dem Erwerb von Gebrauchtwagen mehrmals „erneuert“, nur zweimal gelang es Neuwagen zu erwerben: 1911 lieferte die Grazer Waggonfabrik (mit elektrischer Ausrüstung von Siemens-Schuckert) den Triebwagen 5, welcher noch heute für Arbeitszüge und Nostalgiefahrten, etwa die beliebten Advent- und Faschingsfahrten, im Einsatz steht. Und 1961 gelang es, mit der Beschaffung eines vierachsigen Großraumtriebwagens einen Modernisierungsschritt gegen die immer stärker werdende Autokonkurrenz zu setzen. Seither trägt der von Lohner und Kiepe erbaute GM 8 (DÜWAG-Lizenzbau) die Hauptlast des Betriebes. Erst mit der Übernahme gebrauchter Triebwagen von den Vestischen Straßenbahnen (1974) konnten die letzten Zweiachser abgelöst werden. Eine Mitfahrt in den Triebwagen 9 und 10 (DÜWAG/Kiepe, Baujahr 1952) lässt auch schon wieder einen Hauch von Nostalgie aufkommen, etwa angesichts der Arbeitsgeräusche der elektropneumatischen Schützensteuerung. Äußerst beliebt sind auch die planmäßigen Nostalgiefahrten im Sommer mit dem offenen Triebwagen 100 (Baujahr 1898, ehemals Pöstlingbergbahn-Triebwagen IV). Dieser wurde technisch aufwändig, aber im Erscheinungsbild äußerst behutsam für die doch gänzlich anderen Verhältnisse in Gmunden umgebaut. Für spätere Projekte wurden im Jahr 2008 auch die Pöstlingbergbahnwagen II, VI und XVI erworben und in Gmunden vorerst gesichert hinterstellt.

Auf der Traunseebahn verkehren modernisierte Gebrauchtfahrzeuge aus der Schweiz, alle vierachsig, samt Buffet- und offenem Panoramawagen.

_ Gmunden Tram Rolling Stock

The tramway line was brought into service in 1894 with three motor cars manufactured by Rohrbacher in Vienna (with bogies from Bergische Stahlindustrie in Remscheid, and electrical equipment from Union-Elektrizitätsgesellschaft in Berlin), with a fourth car being delivered a year later. Over the years the fleet has been 'renewed' several times with the acquisition of second-hand rolling stock; only twice were new cars purchased: in 1911, Grazer Waggonfabrik (with electrical equipment from Siemens-Schuckert) produced a fifth car, which is still in service today for track maintenance work and the popular vintage rides during Advent and Carnival. In 1961, the acquisition of a new four-axle articulated car was a big step in the effort to modernise the system and compete with the growing number of private motor cars. Since then, this GM 8, manufactured by Lohner und Kiepe under DÜWAG license, has been the main vehicle in daily operation. The last two-axle cars were finally replaced by used vehicles received from the Vestische Straßenbahnen in 1974. A trip in these cars, numbered 9 and 10 and manufactured by DÜWAG/Kiepe in 1952, also provides a somewhat nostalgic experience, for example, listening to the sound of the electro-pneumatic contactor control. Also very popular are the vintage rides offered during the summer in the open car no. 100, which was built in 1898 for the Pöstlingbergbahn (no. IV); this car was modified to be technically compatible with the Gmunden tramway line, while its appearance was carefully restored. Cars no. II, VI and XVI were purchased from the Pöstlingbergbahn in 2008 for future use in Gmunden.

The Traunseebahn is operated with modernised Swiss vehicles, all of them four-axle, including the buffet and open panorama cars.

Energie
Effizienz
Wirtschaftlichkeit
Umweltfreundlichkeit
Die neue Formel für Spitzenleistungen
in der Bahntechnologie
von Bombardier Transportation
eco4
FLEXITY 2
eco4
PRIMOVE
BOMBARDIER
BOMBARDIER
The Global Leader in Rail Technology
www.transportation.bombardier.com
ECO4, FLEXITY und PRIMOVE sind Marken der Bombardier Inc. oder ihrer Tochtergesellschaften.

Erlebniswelt Pöstlingberg

Die neue Pöstlingbergbahn

Steilste Adhäsionsbahn Europas

Die Linzer Pöstlingbergbahn beeindruckt seit mehr als 110 Jahren Gäste aus aller Welt mit ihrer außergewöhnlichen und idyllischen Streckenführung. Nach Inbetriebnahme der neuen Bergbahn können Sie dieses Erlebnis direkt ab Hauptplatz genießen.

Außen wurden die Fahrzeuge weitgehend an das Design der alten Bergbahn angelehnt, um den historischen Charakter zu erhalten. Innen sorgen die Niederflurfahrzeuge mit modernster Technik für optimalen Fahrkomfort und Informationen für den Fahrgast. Für Nostalgiefans stehen auch weiterhin revitalisierte Altfahrzeuge für Fahrten auf den Pöstlingberg zur Verfügung.

An der Spitze des Pöstlingbergs erwartet Sie ein beeindruckender Rundblick über die oberösterreichische Landeshauptstadt - bei Schönwetter sieht man mit etwas Glück sogar bis ins Voralpenland. Eine Fahrt mit der neuen Pöstlingbergbahn auf den Linzer Hausberg ist unverzichtbarer Bestandteil eines jeden Linz-Besuchs.

Nähere Informationen:
LINZ LINIEN GmbH
www.linzag.at/poestlingberg
www.grottenbahn.at

Kontakt:
Tel. +43 (0)732/3400-7506
sonderfahrten@linzag.at
grottenbahn@linzag.at

Das Pöstlingbergbahn-Museum

Ein Highlight für Nostalgiefans und Technik-Interessierte

In der ehemaligen Talstation der alten Bergbahn erwartet Sie ein liebevoll gestaltetes Museum: historische Ausstellungsstücke, ein kleines Erlebniskino, ein Fahrsimulator und vieles mehr gewähren einen interessanten Einblick in die Geschichte der Pöstlingbergbahn. Als besonderes Highlight steht im Außenbereich ein geschlossener, historischer Wagen für Fotos zur Verfügung. Im Kontrast zwischen den historischen Gegebenheiten und modernen Materialien entstand eine spannende Art der Präsentation, die Sie sich nicht entgehen lassen sollten!

Öffnungszeiten:
Samstag, Sonntag, Feiertag: 10.00 bis 16.00 Uhr
(wochentags für Gruppen ab 10 Personen auf Anfrage)
Eintritt frei

Die Grottenbahn

Zwergenreich und Märchenwelt am Pöstlingberg

Tipp für Familien

Gibt es etwas Schöneres als strahlende Kinderaugen? Tief im Inneren des Pöstlingbergs erwartet große und kleine Besucher eine Welt der Magie: Eine Rundfahrt mit dem Drachenzug Lenzibald bringt Sie durch das bunte Zwergenreich. Danach geht es vorbei am Kristallbergwerk und am Schloss von Rapunzel in den Märchenkeller. Dort erzählen lebensgroße Figuren spannende Geschichten aus den Märchen der Gebrüder Grimm. Im Anschluss lädt der originalgetreu nachgebildete Linzer Hauptplatz um die Jahrhundertwende zu einem romantischen Bummel unter dem Sternenhimmel.

Grottenbahn-Öffnungszeiten:
1. März bis 31. Mai: .... 10.00 bis 17.00 Uhr
1. Juni bis 31. August: .... 10.00 bis 18.00 Uhr
1. September bis 1. November: .... 10.00 bis 17.00 Uhr
Adventsonntage und 8. Dezember: .... 10.00 bis 17.00 Uhr
24. Dezember: .... 10.00 bis 15.00 Uhr

Hinweis: Die letzte Drachenfahrt findet 30 Minuten vor Betriebsende statt.

Robert Schwandl Verlag

SCHNELLBAHNEN IN DEUTSCHLAND: U-Bahn, Stadtbahn, S-Bahn

Metros in Germany

ISBN 978 3 936573 18 3
192 Seiten | pages, 17x24 cm
ca. 500 Farbfotos | colour photos
20 Netzpläne | Network maps
Text deutsch | English
24,50 EUR [D]

WIEN U-BAHN ALBUM

U-Bahn, Stadtbahn, U-Strab & Schnellbahn - Urban Rail in Vienna: Metro, Light Rail & Suburban Rail

+ *Special:* Tramway in Linz

ISBN 978 3 936573 14 5; 144 Seiten | pages; 17x24 cm; 19,50 EUR [D]
400 Farbfotos | colour photos; 2 Netzpläne | Network maps; Text deutsch | English

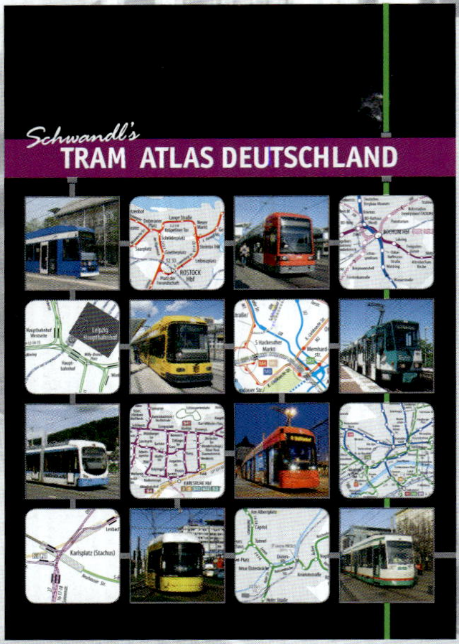

Bei uns gibt's noch vieles mehr über U-Bahnen, Stadtbahnen und Straßenbahnen in Deutschland und Europa, z.B.:
We have many more books on metros, light rail and trams in Germany and in Europe for you, for example:

BERLIN U-BAHN ALBUM (ISBN 978 3 936573 01 5)

HAMBURG U-BAHN & S-BAHN ALBUM (ISBN 978 3 936573 05 3)

WUPPERTAL SCHWEBEBAHN ALBUM (ISBN 978 3 936573 15 2)

NÜRNBERG U-BAHN ALBUM (ISBN 978 3 936573 11 4)

MÜNCHEN U-BAHN ALBUM (ISBN 978 3 936573 19 0)

METROS IN PORTUGAL (ISBN 978 3 936573 20 6)

METROS IN HOLLAND (ISBN 978 3 936573 16 9)

METROS IN BELGIEN (12/2009; ISBN 978 3 936573 26 8)

METROS IN ITALIEN (ca. 02/2010; ISBN 978 3 936573 22 0)

Unser gesamtes Angebot finden Sie unter www.robert-schwandl.de!
Our full catalogue is available at www.robert-schwandl.de!

Schwandl's TRAM ATLAS DEUTSCHLAND

Detaillierte Netzpläne aller deutschen Straßenbahnen, Stadtbahnen und U-Bahnen -
Detailed Maps of all German Tram, Light Rail & Underground Systems

ISBN 978 3 936573 09 1; 144 Seiten | pages; 17x24 cm; 14,50 EUR [D]
200 Farbfotos | colour photos; 70 Netzpläne | Network maps; Text deutsch | English

In Vorbereitung für 2010:
In preparation for 2010:
***Schwandl's* Tram Atlas Schweiz & Österreich**

ISBN 978 3 936573 27 5

Besuchen Sie unseren Online-Shop | *Visit our online shop* – www.schwandl.com